I0154012

LES GRANDS ÉCRIVAINS FRANÇAIS

THÉOPHILE GAUTIER

PAR

MAXIME DU CAMP

Du Camp, Maxime
Théophile Gautier

29580

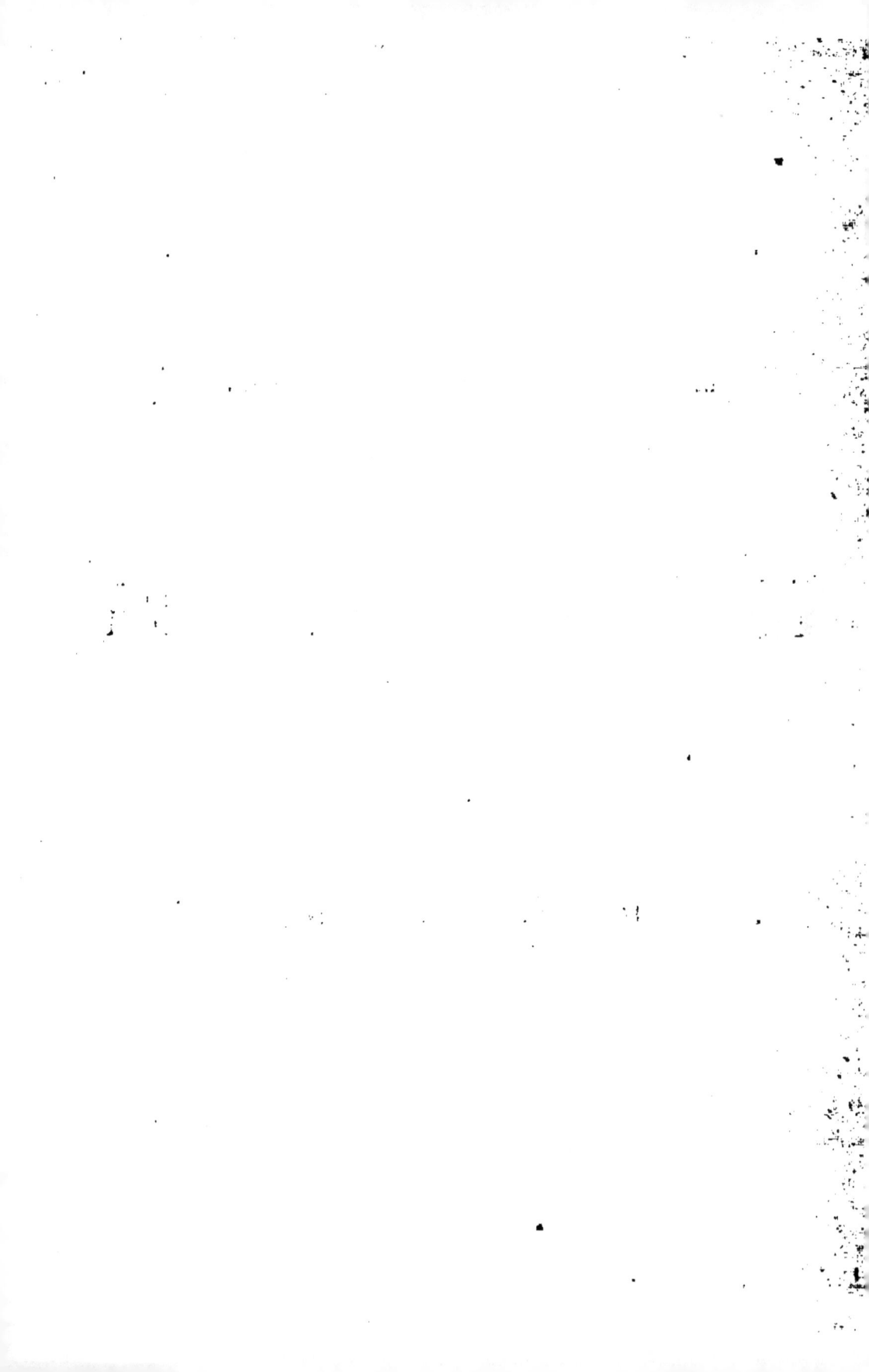

THÉOPHILE GAUTIER

VOLUMES DE LA COLLECTION DÉJA PARUS

Chaque volume, avec un portrait en héliogravure . . . . . . 2 fr.

Coulommiers. — Imp. PAUL BRODARD. — 695-94.

THÉOPHILE GAUTIER

LES GRANDS ÉCRIVAINS FRANÇAIS

THÉOPHILE GAUTIER

PAR

MAXIME DU CAMP

DE L'ACADÉMIE FRANÇAISE

> « En tout quelque chose comme trois cents
> « volumes, ce qui fait que tout le monde
> « m'appelle paresseux et me demande à quoi
> « je m'occupe. »
>
> (THÉOPHILE GAUTIER.)

DEUXIÈME ÉDITION

PARIS

LIBRAIRIE HACHETTE ET Cie

79, BOULEVARD SAINT-GERMAIN, 79

1895

Droits de traduction et de reproduction réservés.

THÉOPHILE GAUTIER

CHAPITRE 1

LA JEUNESSE

Théophile Gautier a été le type de ce que les rédacteurs en catalogues de librairie nomment : un polygraphe. C'était un écrivain, au large sens du mot; il n'a pas imité ces gens de lettres qui, par stérilité ou par goût, se cantonnent dans une spécialité dont ils prennent tellement l'habitude, qu'il leur est impossible d'en sortir et qui se trouvent dépaysés dès qu'ils ne sont plus dans leur domaine ordinaire. Pour lui, le champ, le vaste champ de la littérature, n'eut pas de terrains inconnus. Plus et mieux que Pic de la Mirandole, il aurait pu offrir le combat, à tout venant, pour discuter *de omni re scibili et quibusdam aliis,* car, au cours de son existence, il en a sans cesse disserté, la plume à la main. Lorsque l'on regarde l'ensemble de son œuvre, produit de quarante années de travail, on reste surpris et respectueux d'un si considérable labeur qui s'est étendu sans difficulté sur des sujets dont la diversité est prodigieuse et qu'il a traités toujours avec originalité, souvent avec la supériorité d'un maître.

Dans le renouveau littéraire dont Chateaubriand fut le précurseur, Théophile Gautier marche au premier rang, brandissant sa bonne plume de Tolède, comme l'on disait au temps des batailles romantiques, ne cédant le pas à personne, se jetant au plus fort de la mêlée, faisant face de toutes parts et redoublant d'audace sous les invectives dont la nouvelle école était l'objet. Il est resté fidèle aux croyances de sa jeunesse; dans les dernières années de sa vie, années lourdes et parfois pénibles, son cœur battait plus vite et son teint s'animait lorsqu'il parlait de la première représentation de *Hernani* et des horions échangés pendant que Ligier-Triboulet débitait les tirades du *Roi s'amuse*. Sa foi, j'entends sa foi littéraire, était si profonde et si vivace, que le long exercice du « métier » ne l'a point affaiblie. Il fut fervent jusqu'à l'heure suprême, et si, avant de fermer les yeux pour jamais, il s'est tourné vers le monument que les écrivains de sa génération, poètes et prosateurs, ont édifié à la renaissance de l'art, il a dû être rassuré sur l'avenir de son nom, en constatant qu'il l'a inscrit sur une des pierres du couronnement.

Pour la postérité, la pyramide s'élève d'elle-même. Les oubliés forment la base, invisible, presque disparue dans les fondations; puis les médiocres, les

incomplets, ceux dont la volonté fut plus énergique
que le talent, les auteurs que la mode a quelque temps
soutenus sur ses ailes fragiles, les romanciers, les
historiens, que sais-je encore, les officiers de l'armée
littéraire ; enfin tout en haut, presque dans les cieux,
le poète prenant la place qui lui était due pendant sa
vie et qu'on ne lui accorde qu'après sa mort. A combien d'écrivains de haute volée ne pourrait-on pas
appliquer l'épitaphe que Gombaud a rimée pour
Malherbe :

> L'Apollon de nos jours, Malherbe, ici repose ;
> Il a vécu longtemps sans se louer du sort.
> En quel siècle ? — Passant, je n'en dis autre chose,
> Il est mort pauvre.... Et moi je vis comme il est mort.

Mille causes secondaires exercent une influence
souvent tyrannique sur l'opinion et repoussent les
écrivains vivants loin du rang que leur assignait un
mérite supérieur. L'avenir seul, dégagé des préoccupations du temps où ils jetaient leurs œuvres
parmi les hommes, est assez indépendant pour leur
donner un numéro d'ordre dans le panthéon des
gloires de l'esprit humain. Réclames et dénigre-
ments, chutes et succès, sifflets et bravos, l'avenir
n'en tient compte ; tôt ou tard, la réputation, avilie
ou exagérée, prend un niveau définitif, d'elle-même,
sans que rien puisse le modifier. C'est là le travail,
presque inconscient, à coup sûr désintéressé, de la
postérité, qui dure plus ou moins longtemps, selon
le degré et l'intensité du talent. Il me semble qu'à

l'étiage de la célébrité, le nom de Théophile Gautier se maintiendra à une bonne hauteur, le premier peut-être après celui de Musset, de Lamartine et de Victor Hugo. En tous cas, les vers de Gautier partagent avec ceux de Musset une qualité de premier ordre : seuls, de leur époque, ils ne sont point entachés de rhétorique.

Pour peu que l'on ait eu quelque tendresse dans les sentiments, on garde au fond du cœur une sorte de chapelle sépulcrale où vivent encore ceux qui ne sont plus et que l'on a aimés. Tout embaumés dans les parfums du souvenir, ils apparaissent dès qu'on les évoque, répondent lorsqu'on les interroge et semblent ressaisir réellement leur ancienne existence, pour la partager avec nous, tant leurs pensées se mêlent aux nôtres, tant ils excellent à ressusciter les choses passées que nous avions cru mortes. C'est une apparition : si l'on ferme les paupières, on s'imagine les voir avec leurs gestes familiers, leur attitude, leur démarche; si l'on prête l'oreille, on croit les entendre. Parmi ceux qui habitent ma nécropole intérieure, si peuplée, hélas! et où dorment tant d'êtres qui me furent chers, Théophile Gautier est un de ceux que j'appelle le plus souvent pour parler des temps écoulés et de nos amis communs près desquels il dort aujourd'hui.

Plusieurs que j'ai connus et qui ont partagé l'affection que je lui avais vouée, étaient des hommes et non des demi-dieux. J'ai vécu près d'eux et je les ai jugés en contemporain, car entre eux et moi le

verre grossissant de la postérité ne s'était point
interposé. Les détails de leur existence personnelle
n'ont pas encore, — pour moi du moins, — été éli-
minés par le temps; j'aperçois l'œuvre à travers
l'homme; l'une complète l'autre, celui-ci fait comprendre celle-là, et ce serait mentir à la vérité que
de les séparer. Il est impossible de juger un compagnon de la vie, comme l'on peut juger un personnage mort depuis un ou deux siècles. Il en est
des hommes ainsi que des paysages : l'éloignement
les embellit, mais les dénature, car la distance les
noie de lumière, en adoucit les contours, en dissimule les rugosités. Ceux qui ont vu, qui ont été
les associés des jours, les confidents, parfois même
les confesseurs, ceux qui se souviennent n'entendent
pas sonner l'heure des apothéoses; mais ils se doivent d'être sincères, par respect même pour celui
dont ils parlent, qui souvent y gagne de revivre dans
sa réalité et avec des qualités que les admirateurs
quand même n'ont point soupçonnées. Pour les
témoins de l'existence de bien des écrivains, ce
qu'il y a d'extraordinaire dans leur œuvre, ce n'est
pas l'œuvre elle-même, c'est la difficulté à travers
laquelle ils l'ont accomplie; c'est que rien, ni la
gêne, pour ne dire la pauvreté, ni les tourments qui
en résultent, n'ont pu interrompre l'essor de leur
talent. C'est là cependant ce qu'il faut expliquer
pour faire comprendre ce qu'ils ont eu d'exceptionnel; c'est là aussi ce qu'il faut dire afin de les
venger de la légèreté dédaigneuse avec laquelle le

gros public et même la bonne compagnie les a
traités : « un garçon de belles lettres et qui fait des
vers, nommé La Fontaine », disait ce cancanier de
Tallemant des Réaux. C'est ainsi que l'on en parle
lorsqu'ils sont encore de ce monde,

> Quitte, après un long examen,
> A leur dresser une statue
> Pour l'honneur du genre humain.

Théophile Gautier sut promptement que l'on
considère la poésie comme une sorte d'agréable
superfétation, inutile en soi, bonne au plus à divertir
quelques désœuvrés, suffisamment récompensée par
le renom qu'elle fait naître, indigne, en somme, d'un
homme sérieux et ne méritant que des encourage-
ments stériles. A cet égard, quelles que soient la
diversité d'origine et la divergence des principes,
les gouvernements sont d'accord. Le *Stello* d'Alfred
de Vigny a beau sortir de la vérité historique, il
n'en reste pas moins philosophiquement vrai. Théophile Gautier en fit une expérience qui dura près de
quarante ans, pendant lesquels il tourna la meule du
journalisme afin de ne pas manquer du pain quoti-
dien. Ni la dynastie de Juillet, ni la seconde République, ni le second Empire, où cependant il comptait des amis, ne s'imaginèrent qu'une place suffi-
semment rétribuée — une sinécure, si l'on veut —
était due à un écrivain qui n'attendait que d'être
libéré d'une besogne inférieure pour étendre toute
l'envergure de ses ailes. Il avait accepté son sort

avec une mansuétude dont j'ai souvent été touché, car, sans être exigeant, il était en droit d'estimer qu'il valait mieux que l'existence qui lui fut infligée.

Il était né à Tarbes le 31 août 1811; c'est lui qui le dit et l'on peut le croire [1]; cependant une pièce officielle que j'ai sous les yeux le vieillit d'un jour; sur le bulletin d'appel à la conscription de la classe militaire de 1832, il est désigné : « Pierre-Jules-Théophile Gautier, né à Tarbes, le 30 août 1811, peintre, demeurant à Paris, place Royale, n° 8 ». C'est le hasard d'une position administrative occupée par son père qui le fit naître sur les bords de l'Adour, dans la patrie de ce Barère qui, après avoir été « l'Anacréon de la guillotine », devint un des correspondants secrets de Napoléon Ier. Il n'y vécut que pendant trois ans et vers 1814 on l'amena à Paris, où il fut saisi par des accès de nostalgie dont il a consigné le souvenir dans des notes autobiographiques qui me servent de guide pour parler de son enfance [2].

« Quoique j'aie passé, dit-il, toute une vie à Paris, j'ai gardé un fonds méridional. » Rien n'est plus vrai. Né aux pieds des Pyrénées, en frontière d'Espagne, issu d'une famille originaire du comtat Venaissin, fils et petit-fils de sujets du Pape « en Avignon », il eut toujours quelque chose d'exotique.

1. Le 13 août 1890, on a inauguré à Tarbes le buste de Théophile Gautier.
2. Cette autobiographie a été écrite en 1867 et forme une livraison des *Sommités contemporaines*, publication entreprise par M. Auguste Marc.

Il avait beau aimer la France passionnément, il y semblait dépaysé. Il n'est pas jusqu'à son teint mat, sans nuance rosée, qui n'eût une apparence étrangère et ne convînt à quelque Abencérage égaré dans notre civilisation. Son extérieur même semblait ainsi protester contre le milieu où il était forcé de vivre. A le voir dans sa jeunesse aussi bien que dans son âge mûr, on sentait qu'il était appelé vers les clartés et les nonchalances de l'Orient. Il trouvait notre ciel terne et notre climat détestable, au moindre souffle de vent, il grelottait. Elles sont fréquentes, dans son œuvre, les invocations à la chaleur et au soleil. Sous notre ciel souvent brumeux, dans la demi-obscurité froide de nos journées d'hiver, il avait le mal du pays, le mal d'un pays tiède et lumineux.

Il n'éprouva jamais ce que Chateaubriand appelle « la délectable mélancolie des souvenirs de la première enfance », car ses années, au début de la vie, ne furent point heureuses. Il regrettait son lieu natal, avec une persistance et une intensité rares à cet âge où généralement les impressions n'ont qu'une vivacité éphémère. Il raconte qu'ayant entendu des soldats parler le patois gascon, qui fut le premier langage qu'il eût bégayé, il voulut les suivre, afin de s'en aller avec eux vers la ville où il était venu au monde et dont la pensée l'a toujours ému. « Le souvenir des silhouettes de montagnes bleues qu'on découvre au bout de chaque ruelle et des ruisseaux d'eaux courantes qui, parmi les verdures, sillonnent la ville en tous sens, ne m'est jamais sorti de la tête et m'a souvent attendri aux heures songeuses. » Il avait cinquante-six ans lorsqu'il écrivit les lignes que je viens de citer.

Sa petite cervelle, à la fois contemplative et ardente à savoir, commençait à se défricher, lorsqu'on lui fit quitter la maison paternelle pour le mettre au collège. Grave imprudence ; un enfant qui avait tant souffert d'être éloigné du premier berceau, ne supporterait pas l'exil, hors du foyer où la famille prenait soin de lui, le dorlotait et n'avait que de l'indulgence pour ses fantaisies. Théophile Gautier croit qu'il avait huit ans lorsque les portes de la caserne universitaire se refermèrent sur lui ; à cet égard, sa mémoire est en défaut ; il était dans le courant de sa onzième année, ainsi que le démontre un reçu de l'économe du collège Louis-le-Grand pour le quart du premier trimestre de 1822. Le pauvre écolier resta peu de temps prisonnier, assez cependant pour avoir reçu une impression qui jamais ne s'est effacée. Il eut en aversion la discipline destructive des gaîtés de l'enfance, la régularité fastidieuse à force d'être monotone, la vie en commun odieuse aux natures délicates, la camaraderie sans tendresse, la grossièreté des maîtres subalternes, les préaux sans verdure, les longs corridors, les dortoirs où les lits sont trop nombreux, les réfectoires dont l'odeur seule rassasie la faim, les punitions absurdes, les portes closes et l'aspect général qui est bien plus d'une maison de détention que d'une maison d'enseignement. Petit, chétif, de santé malingre, rêveur, sans goût pour les jeux bruyants, effaré, désespéré, il languissait dans cette atmosphère alourdie où nul aliment n'était offert à ses instincts, à son esprit, à son cœur. On lui enseignait, il est vrai, que *Cornu* est indéclinable et que *Tonitru* fait *Tonitruum* au génitif; c'était une mince compensation aux souffrances qu'il endurait, mais qu'il taisait avec la timidité native dont il n'a jamais pu se dégager complètement.

Son père, grâce au ciel, était un homme intelligent, qui ne l'avait pas livré, comme tant d'autres, à l'internat des collèges afin de se ménager quelque liberté d'allures. L'enfant fut retiré de sa geôle et ramené au logis; il était temps : silencieux, affaibli, indifférent à toute chose, il s'étiolait, déprimé par le régime moral à l'aide duquel — j'en demande pardon à l'Université — on a plus atrophié de caractères que l'on n'en a développé. Quarante-cinq ans après avoir quitté les bas bleus, le frac d'invalide, la cravate de cotonnade blanche qui constituaient alors l'uniforme des collégiens, Théophile Gautier a écrit : « Je fus saisi d'un désespoir sans égal que rien ne put vaincre. La brutalité et la turbulence de mes petits compagnons de bagne me faisaient horreur. Je mourais de froid, d'ennui et d'isolement entre ces grands murs tristes, où, sous prétexte de me briser à la vie de collège, un immonde chien de cour s'était fait mon bourreau. Je conçus pour lui une haine qui n'est pas éteinte encore..... Toutes les

provisions que ma mère m'apportait restaient empi-
lées dans mes poches et y moisissaient. Quant à la
nourriture du réfectoire, mon estomac ne pouvait la
supporter. J'étais là dedans comme une hirondelle
prise qui ne veut plus manger et meurt. On était,
du reste, très content de mon travail et je promet-
tais un brillant élève, si je vivais. » Dieu soit loué,
il a vécu, et à l'opposé de tant d'écoliers offerts
en exemple à leurs condisciples, il ne s'est pas
contenté d'avoir été un élève brillant.

Il fut alors externe au collège Charlemagne, c'est-
à-dire qu'il y assistait aux classes, deux heures le
matin, deux heures dans l'après-midi; le reste du
temps il était libre, vivait dans la famille, indispen-
sable à tout enfant, et faisait son travail scolaire,
apprenant ses leçons, traduisant ses versions et ses
thèmes, sous la direction de son père, qui était un
bon humaniste. Théophile Gautier en profita, et en
profita si bien, que je l'ai vu chez moi, vers 1860,
faire, à première lecture, la traduction d'un fragment
de Tacite, qu'il accompagna d'un commentaire qu'eût
envié plus d'un maître ès langue latine doublé
d'un professeur d'histoire. En la maison paternelle
il retrouva non seulement la tendresse et la liberté
dont il avait besoin, les leçons d'un maître comprenant et développant les aptitudes de son élève, —
ce qui est rare, — mais il trouva des livres — histoire, poésie, romans, récits de voyages et d'aventures — que déjà il aimait avec passion. Il raconte
que, par suite d'un effort de volonté et d'amour-

propre, il sut lire à l'âge de cinq ans. Le premier
livre qui brisa pour lui « le sceau mystérieux des
bibliothèques » fut *Lydie de Gersin*, puis il lut
Robinson; il en devint comme fou; le mot est de lui;
« plus tard, *Paul et Virginie* me jetèrent dans un
enivrement sans pareil, que ne me causèrent, lorsque
je fus devenu grand, ni Shakespeare, ni Goethe, ni
lord Byron, ni Walter Scott, ni Chateaubriand, ni
Lamartine, ni même Victor Hugo, que toute la jeunesse adorait à cette époque. » Après avoir noté en
quel âge précoce il se rendit maître de la lecture, il
ajoute : « Et depuis ce temps, je puis dire, comme
Apelles : *Nulla dies sine lineâ.* » Cela est rigoureu-
sement exact : je ne crois pas qu'il ait jamais existé
un plus infatigable lecteur que Gautier.

Tout lui était bon pour satisfaire ce goût tyrannique qui semblait parfois dégénérer en manie; rien
ne le rebutait et l'on eût dit que ses yeux myopes
pénétraient au fond des phrases pour y découvrir
des richesses que seul il savait reconnaître. Je l'ai
vu s'acharner jusqu'à la courbature sur le texte
sanscrit de *Sakountala*, s'efforçant de déchiffrer,
de deviner la signification des signes d'un langage
qu'il ignorait. Il se plaisait aux romans les plus médiocres, comme aux livres des plus hautes conceptions philosophiques, comme aux ouvrages de science
pure; il était dévoré du besoin d'apprendre et disait :
« Il n'est si pauvre conception, si détestable galima-
tias qui n'enseigne quelque chose dont on peut pro-
fiter. » Il lisait les dictionnaires, les grammaires,

les prospectus, les recettes de cuisine, les almanachs ; il estimait que Mathieu Laensberg est un « primitif » remarquable par sa naïveté et que Carême a prouvé qu'un « maître-queux » pouvait avoir de la hauteur d'âme, parce qu'il a écrit : « Ce n'est qu'en étudiant Vitruve que j'ai compris la grandeur de mon art. » Ceci fut pour lui, pendant quelque temps, la plaisanterie favorite. A ceux qui lui parlaient peinture, sculpture ou poésie, il répondait : « Étudie Vitruve, si tu veux comprendre la grandeur de ton art. » Presque tous ses interlocuteurs restaient la bouche bée, car bien peu avaient lu les œuvres de celui qui s'intitule « l'élève et l'admirateur de l'illustre La Guipière ».

Cette soif de savoir, que jamais rien n'apaisa, eut pour Théophile Gautier d'enviables conséquences. Il était doué d'une mémoire extraordinaire : ce qu'il avait vu ou entendu restait gravé dans son souvenir. Il ne mettait aucun ordre dans ses lectures : un livre lui tombait sous la main, il l'ouvrait par une sorte de mouvement machinal et ne l'abandonnait qu'à la dernière page. On pourrait croire que ce pêle-mêle, sans sélection ni discernement, produisait quelque confusion dans sa cervelle : nullement. Il avait un des esprits les plus méthodiques que j'aie rencontrés ; tout s'y classait naturellement, par une sorte de pondération instinctive qui parfois contrastait avec le dévergondage de la parole ; c'était là une faculté maîtresse qui, au cours de sa littérature forcée, lui a rendu d'inappréciables services.

Toutes les notions acquises se rangeaient, s'étiquetaient dans sa mémoire, comme les livres bien catalogués d'une bibliothèque. Il savait où trouver le renseignement dont il avait besoin, le document précis qu'il voulait vérifier, le mot rare qu'il désirait employer. Il n'avait qu'à se consulter lui-même. Que de fois ses amis, indécis sur un point d'histoire, de linguistique, de géographie, d'anatomie ou d'art, se sont adressés à lui et ont reçu satisfaction immédiate! On disait alors : Il n'y a qu'à feuilleter Théo.

Je citerai un exemple de sa mémoire : Le jour où furent publiés les deux premiers volumes de *la Légende des siècles,* je dînais en sa compagnie dans une maison tierce; nous étions là plusieurs lettrés, tous alliés, de plus ou moins près, à la tribu romantique, admirant Victor Hugo et comptant bien trouver dans la nouvelle œuvre un régal des plus savoureux. Seul d'entre nous, Gautier la connaissait complètement; il avait reçu les deux tomes le matin même, et les avait lus au courant de la journée. Est-il besoin de dire quel fut le sujet de la conversation? On ne parla que du talent d'Hugo, qui semblait se transfigurer et ajouter à sa poésie des formes plus belles encore, plus imprévues et plus fortes, comme si, saisissant des faits d'histoire moins réels que légendaires, il avait plané dans des régions féeriques où jamais encore ses ailes ne l'avaient porté. Gautier nous dit : « Il faut passer aux preuves; je vais vous dire *les Lions.* » Et, de cette voix blanche, sans inflexion, monocorde pour ainsi dire, les yeux fixes, comme s'il lisait de loin dans un livre visible pour lui seul, il récita les cent cinquante-huit vers de la pièce, ne se reprenant pas une fois, n'hésitant jamais et ne se trompant pas d'une syllabe. Nous étions étonnés ; on lui dit : « Tu as donc appris cela par cœur? » il riposta : « Non, je l'ai lu ce matin, en déjeunant. »

Cette mémoire, habilement entretenue par la direction que son père imprimait aux études scolaires, une sorte d'assiduité passive qui le rendait attentif aux classes du collège, quelque dose d'amour-propre, firent de Théophile Gautier un élève remarquable. Eut-il son nom inscrit sur les palmarès ? fut-il embrassé et couronné par son proviseur, aux sons de la musique, sur l'estrade solennelle des distributions de prix? Je n'en sais rien; il était fort discret sur cette époque de son existence; il n'aimait point à en jaser, car elle ne lui avait laissé que des souvenirs maussades; toutes les fois que la conversation se portait sur les années de collège, il se hâtait de la rompre. Il a écrit : « Ces années, je ne voudrais pas les revivre. » S'il eut des succès, de ces succès scolaires qui font naître tant d'espoir dans les cœurs paternels et qui n'ont jamais rien présagé de l'avenir, il les accepta avec indifférence et n'en fut pas plus fier. Je doute même qu'il ait complètement terminé ses humanités et je crois qu'il dédaigna d'obtenir le diplôme de bachelier ès lettres, qui dut lui paraître un inutile parchemin : certificat d'études, rien de plus; il n'en avait cure et se certifiait par lui-même, car il avait acquis déjà bien plus de notions précieuses que ne lui en eussent enseignées ses professeurs. Il était encore un simple écolier qu'il avait lu les vieux poètes français, fort dédaignés à cette époque où Malherbe et Boileau régnaient en maîtres, et qu'il avait assez étudié Rabelais pour en pouvoir réciter des chapitres entiers sans commettre d'erreur. Sa curiosité d'enfant intelligent et de futur grand lettré l'avait mieux servi que les leçons de la pédagogie universitaire.

Théophile Gautier n'était plus un enfant chétif, au teint olivâtre que l'internement avait failli tuer; c'était un jeune homme solide, bien en chair, dont le goût pour les exercices de corps avait singulièrement développé la vigueur. Il excellait à la natation, à la boxe, à l'équitation, à la canne, et même à la savate; il en tirait quelque gloriole et ne refusait l'assaut à personne. Un jour, dans je ne sais plus quel jardin public, il donna sur « la tête de turc » un coup de poing qui marqua cinq cent vingt livres au dynamomètre. Bien souvent je l'ai entendu s'en vanter et dire : « C'est l'action de ma vie dont je suis le plus glorieux. » Jusque dans un âge où généralement on ne s'essaye plus au rôle d'hercule, il ne lui déplaisait pas de démontrer que sa force musculaire, toujours considérable, n'avait point été appauvrie par les années. Si son caractère calme et surtout bienveillant ne l'avait rendu pacifique, il eût été redoutable; mais nul homme ne fut moins querelleur : toute dispute violente lui semblait un outrage à la dignité humaine, car, philosophiquement, il considérait la placidité comme une vertu.

C'est incidemment que Théophile Gautier se livra aux lettres, ou, pour parler plus exactement, que les lettres s'emparèrent de lui. Il était né artiste, cela n'est pas douteux, artiste de la ciselure, de la ligne et de la couleur. Quelque effort qu'il eût fait sur lui-même ou qu'on lui eût imposé, il n'aurait jamais pu répudier les dons que la nature lui avait prodigués, jamais il n'aurait réussi à se contraindre, jamais il ne serait parvenu à réduire au silence les facultés supérieures qui parlaient en lui. L'art le réclamait. Dans toute carrière officielle ou bourgeoise, il serait mort à la peine, frappé d'impuissance, égaré dans le labyrinthe du moindre détail et désemparé. La peinture l'attirait; elle fut pour lui comme un premier amour, dont le souvenir ne s'attiédit jamais; pendant toute sa vie, il s'en préoccupa et bien souvent, dans ses heures de découragement, il regretta de n'avoir pas obéi à sa première impulsion. Le poète de *la Comédie de la mort* et des *Émaux et Camées*, l'écrivain de *Tra-los-Montes*, d'*Italia*, de *Fortunio*, de *la Morte amoureuse*, d'œuvres dont le nom est dans toutes les mémoires, débuta par être un rapin. Il entra dans l'atelier de Rioult, situé près du collège Charlemagne, ce qui lui permettait d'aller peindre une anatomie, d'après le modèle vivant, en sortant d'écouter une leçon sur l'harmonie préétablie de Leibnitz ou sur le médiateur plastique de Cudworth.

Le frémissement mystérieux qui précède les oura-
gans agitait déjà les jeunes têtes de l'époque; la tem-
pête romantique n'allait pas tarder à souffler de tous
les points de l'horizon; les arts, assoupis dans une
tradition épuisée, dormaient sur la foi d'un passé
qui n'avait plus de raison d'être; on n'allait pas
tarder à les réveiller, sans ménagement et même
sans urbanité. Un vent de révolte passait sur les
ateliers où les derniers disciples de l'école pétrifiée
de David n'exerçaient plus qu'une influence dédaignée. Tout en mélangeant le brun de Van Dyck avec
la terre de Sienne brûlée, on discutait littérature;
on ne traitait pas encore Racine de « polisson »,
mais on avait oublié *la Chute des feuilles* de Mille-
voye, les Ossianeries de Baour-Lormian et on les
remplaçait, à la grande joie des futurs chevaliers de
la palette, par *la Chasse du Burgrave* :

> Daigne protéger notre chasse,
> Châsse
> De monseigneur Saint-Godefroy,
> Froid !

ou par *le Pas d'armes du roi Jean* :

> Çà qu'on selle,
> Écuyer,
> Mon fidèle
> Destrier !

Ces vers, on ne les récitait pas; on les hurlait.
Quelques enthousiastes y avaient adapté un air et
les chantaient en chœur, ce qui parut un sacrilège.
Un évangile nouveau avait été donné au peuple des

artistes et des lettrés : la préface de *Cromwell* avait
formulé une théorie révolutionnaire que l'on rêvait
de mettre en pratique. L'heure n'allait pas tarder à
sonner où l'on serait déclaré « cagou et marmiteux »
si l'on ne rugissait pas d'horreur au seul nom de
l'Institut.

C'est dans ce milieu bruyant, généreux et hardi
que la vocation littéraire fit signe à Théophile Gautier : laisse là tes pinceaux et suis-moi; là sa destinée encore obscure s'éclaircit tout à coup; un incident fit jaillir la lumière. Au collège Charlemagne,
Gautier s'était lié d'une amitié que rien n'a jamais
distendue, avec Gérard Labrunie, qui devait être
Gérard de Nerval. A cette époque — c'est-à-dire
au début de l'année 1830 — Gérard, à peu près
inconnu de la masse du public, était célèbre dans
un groupe de jeunes hommes que les choses de l'art
avaient séduits; parmi ses camarades de classe, il
était illustre, car à dix-sept ans, encore sur les
bancs de la rhétorique, il avait publié un volume de
poésies, intitulé : les *Élégies nationales,* qui n'avait
point passé inaperçu; à dix-huit ans, il donnait sa
traduction de *Faust,* à propos de laquelle Goethe lui
écrivit : « Je ne me suis jamais mieux compris qu'en
vous lisant. » Il y avait de quoi faire tourner une si
jeune tête, mais Gérard était déjà doué de cette
modestie qu'il poussa parfois jusqu'à l'humilité.
C'était alors une nature charmante, un peu excentrique malgré son extrême douceur. On lui promettait toutes les couronnes que la renommée jette aux

grands poètes; il ne pouvait, croyait-on, marcher
que vers la gloire; sa route devait passer sous des
arcs de triomphe et le conduire à l'immortalité : comment elle le mena dans une des rues les plus sor-
dides de Paris pour y mourir d'une mort sinistre,
je l'ai dit ailleurs et je n'ai point à le répéter ici [1].
Ce fut Gérard qui, fortuitement, ouvrit à Théophile
Gautier les portes du temple — bien des gens
disaient la caverne — où trônait la jeune statue du
romantisme.

Le comité de lecture de la Comédie-Française avait
reçu un drame en vers de Victor Hugo : *Hernani ou
l'honneur castillan*. La vieille école classique, ferrée
sur les trois unités, en avait frémi jusque dans ses
moelles. La nuit on avait entendu des voix plaintives
sortir des urnes où reposent les cendres de Marmontel et de Campistron. Malgré ces présages
funestes, malgré les prédictions des Calchas de la
tragédie, la pièce était en répétition; on en racontait
mille extravagances; on disait : C'est une orgie de
vers incohérents, et l'on ajoutait que Mlle Mars —
arbitre du goût — était malade de chagrin, qu'elle
voulait rendre son rôle, car elle ne pouvait se
résoudre à profaner son talent au milieu des énormités
que l'auteur lui imposait. La vérité est tout autre :
ce fut Victor Hugo qui, justement blessé des prétentions de l'actrice, lui déclara qu'il la remplacerait

---

1. *Souvenirs littéraires*, t. II, ch. xx; *les Illuminés*. Paris,
Hachette, 2 vol. in-8°, 1883.

par une autre interprète, si elle avait encore l'inconvenance de modifier les expressions qu'elle n'approuvait pas. Bien avant le jour de la première représentation, on sentait un orage d'opposition se former; des intentions hostiles ne prenaient point la peine de se dissimuler; on savait, à n'en point douter, que la cabale était décidée à livrer bataille. Des deux côtés, on se préparait à la lutte; les uns aiguisaient le poignard d'Oreste, les autres fourbissaient leur bonne lame de Tolède; on invoquait les filles de Jupiter et de Mnémosyne; on jurait par saint Jacques de Compostelle et même par les corbignoles de madame la Vierge. Tout annonçait que l'affaire serait chaude; les simples curieux se frottaient les mains et fredonnaient le finale du *Comte Ory* :

> J'entends d'ici le bruit des armes,
> Le clairon vient de retentir.

Dans le clan romantique, on n'était pas rassuré : on se méfiait de quelque stratagème et l'on redoutait surtout la défection de la claque, en butte à des manœuvres déloyales et à des promesses qui sonnaient d'une voix métallique. Les adversaires de la jeune école comptaient, à cet égard, sur la force de l'habitude : comment ces braves chevaliers du lustre, formés dès longtemps aux pures doctrines de l'art révéré, accoutumés au ronron du vers tragique, aux césures invariables, aux hémistiches coulés dans un moule uniforme, au casque, au glaive, à la tunique et

au cothurne, ne se sentiraient-ils pas révoltés en
écoutant des vers frappés à une effigie nouvelle, des
enjambements invraisemblables, des mots que les
« canons » proscrivaient et en voyant des toques à
plumes, des pourpoints de velours, des épées à co-
quille, des dagues damasquinées, des bottes en cuir
fauve, tout l'attirail, en un mot, de ce que l'on nommait alors la couleur locale et qui ne devait point
tarder à dégénérer en bric-à-brac. Donc nulle sécurité dans la claque, dans ces bruyants fonctionnaires
dont le métier est de soutenir quand même les œuvres théâtrales dont le succès n'est point d'une gesta-
tion facile. On résolut de se passer du secours — trop
incertain — de ces accoucheurs patentés de Thalie
et de Melpomène : on craignait un avortement et
peut-être un infanticide. Par qui les remplacer? Où
trouver un groupe d'hommes jeunes, enthousiastes,
vaillants jusqu'à l'imprudence, dédaigneux de l'obstacle, fatigués du passé, ayant foi dans l'avenir, comprenant que leur sort tout entier pouvait dépendre
de la victoire, doués de bons poumons et de poings
solides? Dans les ateliers. Les peintres, les sculp-
teurs répondirent à l'appel avec empressement; les
architectes étaient mous et arriérés; au portail de
Notre-Dame ils préféraient la colonnade de la Bourse,
récemment construite; on voulut cependant les utiliser, mais on les mêla aux autres artistes, qui furent
chargés de les surveiller et de les maintenir en
bon chemin, fût-ce à coups de talon dans les che-
villes.

Des racoleurs choisis avec discernement furent expédiés dans les ateliers. Comme les visiteurs des grands bons cousins, c'est-à-dire des carbonari, ils devaient désigner les chefs d'escouade auxquels ils confieraient, non pas la baguette de coudrier qui donnait accès dans les ventes secrètes, mais la carte rouge timbrée du mot espagnol *Hierro* (fer), qui ouvrirait les portes de la Comédie-Française au soir de la première représentation, de la première bataille de *Hernani*. Gérard de Nerval fut un des sergents recruteurs chargés de former le bataillon sacré qui devait vaincre ou mourir; à l'atelier de Rioult, il remit six cartes d'entrée à Théophile Gautier : « Tu réponds de tes hommes? — Par le crâne dans lequel Byron buvait à l'abbaye de Newstead, j'en réponds! » Se tournant vers ses camarades de palette, Gautier dit : « N'est-ce pas, vous autres? » On lui répondit d'une seule exclamation : « Mort aux perruques![1] »

Fier de la mission de confiance qu'il venait de recevoir, ne répudiant aucune responsabilité et voulant donner à son attitude une solennité digne des hautes fonctions qui lui étaient dévolues, Théophile Gautier se fit faire un gilet — un pourpoint — cramoisi « qu'il avait pris plaisir à composer lui-même ». De ce gilet rouge — qui, en réalité, était rose vif — inauguré au son du cor de Hernani, il a été parlé jadis; on en a

1. Je tiens l'anecdote de Pradier, qui l'a racontée devant moi à Victor Hugo, au mois de juillet 1851; Théophile Gautier était présent, ne l'a pas démentie et s'est contenté de dire : « Ah! c'était le bon temps ! »

parlé beaucoup, on en a parlé longtemps, on en
parle encore. Un jour, je disais à Théo : « Tu as été
célèbre très jeune? » Il me répondit avec cette sorte
d'indifférence qui parfois donnait tant de saveur à
ses plaisanteries : « Oui, très jeune, à cause de mon
gilet. »

De cette première représentation du premier
drame romantique en vers [1], où Gautier, ses longs
cheveux répandus sur les épaules, flamboyait, la
poitrine couverte d'un satin éclatant, je ne dirai
rien, car il l'a racontée lui-même dans les moindres
détails. Ce fut, bel et bien, une bataille, où l'on ne
ménagea ni les injures ni les gourmades. Une erreur
d'audition produisit une mêlée telle, que l'on faillit
baisser le rideau et congédier les combattants.
Lorsque Hernani dit à Ruy Gomez qui vient de
livrer dona Sol au roi don Carlos :

> Vieillard stupide! il l'aime.

une partie des spectateurs, au lieu de « vieillard stu-
pide! », entendit : « vieil as de pique! » Les classiques

---

1. Hernani (25 février 1830) fut le début du drame romantique en vers; une année auparavant (10 février 1829), Alexandre Dumas avait fait représenter le premier drame romantique en prose : *Henri III et sa cour*, qui fut reçu à la Comédie-
Française sous la dénomination singulière de : tragédie en
cinq actes. Dans le courant de 1829, *Henri III* fut joué quarante-six fois; dans le courant de 1830, *Hernani* fut joué trente-
neuf fois. C'était un succès considérable pour cette époque où
les chemins de fer, n'existant pas, n'amenaient pas à Paris,
comme aujourd'hui, la masse de provinciaux et d'étrangers
qui renouvelle chaque soir le public des théâtres.

indignés poussèrent des cris d'horreur, les romantiques, saisis d'admiration, exaltés par la rareté de
l'image, trépignaient de joie et aboyaient de bonheur.
Le tumulte fut lent à s'apaiser, et je doute fort que
l'on ait pu saisir quelque chose de la fin du troisième
acte.

Cette représentation qui, malgré les *Odes et Ballades*, malgré *Cromwell* et sa préface, malgré *les
Orientales*, malgré *le Dernier jour d'un condamné*,
marque le véritable début de la révolution romantique, laissa dans le cœur de Théophile Gautier un
souvenir ineffaçable; c'était l'épisode de sa vie sur
lequel il revenait avec prédilection; dans son œuvre,
les allusions y sont fréquentes. Il aimait à raconter
la longue attente — une attente qui dura huit heures
— dans le théâtre obscur, l'émotion, la lutte dont
les deux camps ennemis s'attribuaient la victoire, les
discussions dégénérant parfois en voies de fait qui
se prolongeaient après le spectacle, la passion dont
on était animé et l'exaspération qui emportait les
partis hors de toute mesure; exaspération qui produisit des effets d'un comique inattendu : une dépu-
tation d'auteurs classiques, renommés alors, oubliés
aujourd'hui, se rendit près du roi et lui demanda
d'user de son autorité souveraine pour interdire les
représentations d'une telle monstruosité. On aurait
cru entendre les objurgations de maître Pancrace,
du *Mariage forcé :* « Tout est renversé aujourd'hui
et le monde est tombé dans une corruption générale.
Une licence épouvantable règne partout; et les ma-

gistrats qui sont établis pour maintenir l'ordre dans cet État devraient mourir de honte en souffrant un scandale aussi intolérable. » Charles X écouta, avec sa politesse accoutumée, les lamentations de ces braves gens, et leur répondit, non sans esprit : « En pareille occurrence, je n'ai d'autre droit que celui de ma place au parterre. »

J'ai, du reste, entendu dire par un ancien très haut fonctionnaire de la Restauration que l'on n'était point fâché aux Tuileries du tumulte suscité par la pièce nouvelle, qui détournait l'opinion publique de préoccupations déjà inquiétantes. De l'opinion publique, Théophile Gautier ne se souciait guère : il était à Hernani, à Victor Hugo ; il s'était donné d'un élan irrésistible, tout entier, sans idée de retour ; il ne se reprit jamais, jusqu'à la dernière heure il resta dévoué au dieu de sa jeunesse ; lorsque la mort, si cruellement empressée, lui arracha la plume des mains, il écrivait et laissa inachevé un article intitulé *Hernani*. Les dernières lignes sont consacrées à Mme de Girardin : « Ce soir-là, ce soir à jamais mémorable, elle applaudissait comme un simple rapin entré avant deux heures, avec un billet rouge, les beautés choquantes, les traits de génie révoltants... » La phrase est interrompue par la grande faucheuse dont l'œuvre ne s'interrompt jamais.

Cette soirée « à jamais mémorable » est une date importante dans la vie de Gautier : c'est l'étape initiale d'où il est parti pour parcourir la longue route de labeur qui n'eut point de halte, et sur laquelle il est tombé prématurément, harassé de fatigue, repu de déceptions, pauvre à la fin comme au début. Il ne se doutait guère de l'ingrat destin qui l'attendait; nulle espérance alors ne lui était interdite. Que de fois, me parlant de ce temps passé, sur lequel j'aimais à l'interroger, que de fois il m'a cité le vers :

« J'étais géant alors et haut de cent coudées, »

et il ajoutait, avec une mélancolie qui dénonçait bien des rêves avortés : « Tout ce que je puis dire aujourd'hui, c'est que petit bonhomme vit encore. » Après la soirée du 25 février 1830, comprenant que l'on ne peut servir deux divinités à la fois, il quitta l'atelier de Rioult et prit la plume du poète à la place de la brosse du peintre. Il avait alors dix-neuf ans, s'inquiétait peu du qu'en dira-ton, et rimait, car il avait à cœur de prendre rang dans l'armée romantique et d'être un des porte-fanions du général en chef. La malechance lui donna un premier avertissement qui passa inaperçu. Son volume, — une plaquette brochée en rose et intitulée *Poésies*, — fut mis en vente le 28 juillet 1830. Cela signifiait : toute révolution te portera préjudice. Il eut à le constater plus tard, en 1848 et en 1870.

Comme les Capétiens, comme les Valois, les Bourbons voyaient leur dynastie s'éteindre sur le trône, par le règne successif de trois frères. La défaite de la France les avaient apportés, la révolution de Juillet les emporta; la branche aînée est à jamais desséchée,

elle ne rejettera plus. Ces journées, si imprudemment
provoquées, non seulement sans moyen d'attaque,
mais même sans ressources de défense, exercèrent
une influence considérable sur les arts de l'époque.
Elles délivrèrent les esprits en les surexcitant, aidè-
rent à briser la routine et rompirent brutalement la
porte que le romantisme, malgré les chaudes soirées
de *Hernani*, n'avait fait qu'entr'ouvrir. Quelques
amants de la muse classique, guidés par des maîtres
dont la jeunesse se détournait, Brifaut, Arnault,
Parseval de Grandmaison, Baour-Lormian, de Jouy,
Viennet, restaient fermes à leur poste, mais se bou-
chaient les oreilles et les yeux pour ne pas entendre,
pour ne point lire, ne comprenant rien aux tentatives
des écrivains et des artistes, s'imaginant que tout
était perdu parce que l'on cherchait d'autres formes
que celles qu'ils aimaient. Dans ce grand mouvement
de rénovation intellectuelle, ils ne voyaient qu'une
invasion de barbares par laquelle toute civilisation
allait être broyée.

L'heure était bonne pour Théophile Gautier d'entrer de plain-pied dans l'école romantique. On eût
dit que la révolution de Juillet avait trempé le pays
dans un bain d'eau de Jouvence; tout le monde était
jeune alors, ou croyait l'être; néanmoins il convenait
d'être fatal et maudit, et on l'était de bonne foi, en
repos de conscience, avec une conviction qui n'em-
pêchait pas de s'amuser. C'était l'heure des Jeune-
France; Gautier les a turlupinés de belle sorte; car,
malgré la sincérité de son romantisme, il n'a jamais

été de ceux à qui le ridicule échappe. J'étais bien enfant alors, mais je me souviens, passant sur les boulevards, dans le jardin des Tuileries qui était, à cette époque, la promenade favorite des Parisiens, d'avoir aperçu de jeunes hommes à longs cheveux, portant toute leur barbe, — ce qui était contraire aux bons usages — coiffés de chapeaux pointus, serrés dans des redingotes à larges revers, cachant leurs pieds sous des pantalons à l'éléphant; je les regardais avec une surprise où se mêlait quelque crainte, je disais : « Quels sont ces gens-là? » On levait les épaules en me répondant : « Ce sont des fous. » Théo m'a dit souvent : « Notre rêve était de mettre la planète à l'envers. » Elle tourne toujours sur le même axe, la pauvre planète, et, depuis ces jours lointains, elle en a vu bien d'autres!

Pendant les années qui suivirent les journées de Juillet, la vie de la jeunesse fut d'une violence extraordinaire; elle s'était dilatée tout à coup après la compression qu'elle avait subie pendant la Restauration. Cette effervescence eut quelque durée; l'invasion subite du choléra en 1832 et l'effarement qui en résulta la calmèrent à peine; pour la réduire et l'apaiser presque complètement, il fallut l'attentat de Fieschi, l'horreur qu'il inspira et les lois répressives que Thiers fit voter au mois de septembre 1835. Jusque-là on ne sut se ménager; ce fut le beau temps des cavalcades du mardi gras, des bals des Variétés et des descentes de la Courtille; on rivalisait d'entrain, d'emportement et, disons-le, de sottise. « Il

s'agissait, disait Gautier, d'avoir de la truculence,
du paroxysme, d'être moyen âge et de rosser les
soldats du guet. » J'ai gardé le souvenir d'un récit
qui prouve à quel degré de licence on était parvenu
à force de s'ingénier aux extravagances pour « épater
le bourgeois » : à un bal masqué du théâtre des
Variétés, d'Alton-Shée — un pair de France — fort
jeune, il est vrai, et Labattue, que l'on a toujours
confondu, que l'on confond encore avec lord Sey-
mour, amenèrent une femme enveloppée d'un domino
noir. Placée dans un quadrille dont les danseurs
avaient été choisis parmi les plus illustres tenants
de la Jeune-France, elle se débarrassa tout à coup
de son vêtement et apparut dans le costume de notre
mère Ève avant l'intervention de la feuille de figuier.
La créature eut du succès et on l'acclama. L'exhi-
bition parut excessive aux sergents de ville et aux
gardes municipaux ; ils voulurent arrêter la donzelle,
dont la chorégraphie seule était un outrage à « la
moralité publique » ; ils n'y parvinrent pas. Entourée, défendue par une bande de jeunes gens qui
criaient : « Los aux dames ! » ils durent reculer
devant les coups de poings et les coups de pieds de
ces érudits de la boxe et du chausson. Pendant la
bagarre, on recouvrit la danseuse de son domino ;
elle put s'esquiver, se perdre dans la foule et force
ne resta pas à la loi. J'ai su les noms de la plupart
de ces protecteurs du sexe timide, je les ai en partie
oubliés ; outre ceux que je viens de citer, je ne
peux rappeler avec certitude que celui du peintre

Jadin, « qui seul valait une compagnie d'archers écossais ». La plupart de ces énergumènes des plaisirs sans frein sont devenus des personnages et ont fait bonne route dans la vie. La turbulence de la vingtième année n'implique rien de défavorable pour l'avenir. L'âge se charge de tout, même trop souvent d'effacer le souvenir des peccadilles d'autrefois. Mme de Lafayette écrivait à Ménage : « Il en coûte cher pour devenir raisonnable, il en coûte la jeunesse. » Théophile Gautier fut jeune; il fut très jeune et mérite d'en être loué.

« L'habitude de la chasteté endurcit le cœur », a dit saint Clément d'Alexandrie; Gautier n'avait point le cœur dur et ne manquait pas d'éclectisme. Dans son roman « goguenard » des *Jeune-France,* écrit alors qu'il avait vingt-deux ans, il a fait un chapitre, *Celle-ci et Celle-là,* qui pourrait bien être un fragment de confession. « Retiens ceci, dit-il, et serre-le dans un des tiroirs de ton jugement, pour t'en servir à l'occasion : toute femme en vaut une autre, pourvu qu'elle soit aussi jolie. » Cela ressemble à une profession de foi. On en peut conclure que l'amour de la forme dominait en lui et que l'échange des âmes, si fort à la mode dans les romances du temps, ne lui semblait que d'une importance secondaire. D'un grand nombre de lettres qui lui furent adressées et que j'ai feuilletées, il résulte qu'il ressemblait peu à cet abbé Dangeau, de l'Académie française, qui renvoyait aux femmes qu'il aimait leurs épîtres dont l'orthographe était défec-

tueuse et qui rompait avec elles au troisième manque
de respect à la grammaire française. Ce qui rend les
correspondantes de Gautier excusables, c'est qu'il
eut toujours une certaine propension à les choisir
parmi les étrangères.

Plaisirs tapageurs, comme il convenait à l'époque,
amourettes de passage, ce n'étaient là que des
divertissements sans conséquence, des intermèdes à
la vie intellectuelle qui suivait son cours et à laquelle
Gautier apportait la curiosité encyclopédique dont
il avait été doué. Les artistes et les écrivains, mêlés
ensemble, se complétaient; la plastique et la réflexion se fortifiaient l'une par l'autre. Il n'est question d'art, de philosophie, d'histoire, de poésie qui
ne soit agitée dans « le Cénacle », c'est-à-dire dans
le groupe des jeunes gens partisans des idées nouvelles et dont la hardiesse faisait éclater les règles
admises auxquelles ils refusaient de se soumettre.
Les discussions s'en allaient à l'aventure, au gré
d'un mot prononcé, au hasard d'une controverse
inopinée. Je disais à Théo : « De quoi s'occupait-on
dans le Cénacle? » il me répondit : « De tout, mais
je ne sais guère ce que l'on disait, parce que tout
le monde parlait à la fois. » La violence du langage
était sans pareille et les historiettes de « haulte
graisse » ne semblaient jamais déplacées : Rabelais
n'était-il pas l'excuse et l'exemple? On rêvait d'in-
cendier l'Institut et de pendre quelques vieux poètes
tragiques qui ne demandaient cependant qu'à mourir
en paix. On se moquait de la vieillesse dans la cham-

brée de ces futurs capitaines de lettres **qui** paraissaient ignorer qu'ils vieilliraient eux-mêmes et ne pas se douter que caducité classique et caducité romantique, c'est tout un. La jeunesse est excessive, ce qui est naturel; tout son être est en effervescence et remué par mille aspirations confuses; elle est intolérante parce qu'elle est sans expérience et que les points de comparaison lui manquent; elle est sans pondération, parce qu'elle ne s'est pas heurtée aux obstacles de la vie; elle ne croit pas au temps et aux modifications qu'il apporte avec lui — insensiblement et si rapidement néanmoins — parce qu'elle n'en a pas encore senti l'action permanente. Vaillance et folie du jeune âge, cela se ressemble, et il n'en faut point médire, car c'est presque toujours un gage de force pour les heures de la maturité.

De ceci doit-on conclure que les jeunes gens qui composaient le Cénacle étaient destinés à devenir tous de grands hommes? Non certes; il y avait là des rêvasseurs illusionnés sur eux-mêmes, stériles, dupes de la comédie qu'ils jouaient, avortés et dont l'avenir lumineux qu'ils se promettaient tomba naturellement dans l'obscurité. A plus d'un l'on aurait pu appliquer le mot de Rivarol : « C'est un terrible avantage que de n'avoir jamais rien fait, mais il ne faut pas en abuser. » En somme, un seul d'entre eux s'est fait un nom qui ne périra pas : c'est Théophile Gautier. Gérard de Nerval, par lequel il avait été devancé au début de la vie, n'a jamais dépassé une limite moyenne assez restreinte, n'a point fait sa trouée

dans la foule et a sombré de bonne heure. En
revanche, la plupart étaient célèbres dans le groupe,
pour ne dire dans la coterie, à laquelle ils apparte-
naient; mais leur réputation n'a guère franchi le
cercle où ils vivaient. Ce fait était commun alors, il
l'est encore aujourd'hui.

Il semble que la recherche d'un pseudonyme baroque ou la découverte d'un titre d'ouvrage extra-
vagant ait été une action enviable et glorieuse.
Jules Wabre — qui s'en souvient? — fut presque
illustre pour avoir fait annoncer, — rien de plus, —
un livre intitulé : *de l'Incommodité des commodes*;
Auguste Maquet, qui n'avait pas encore eu la bonne
fortune de rencontrer Alexandre Dumas, se faisait
appeler : Augustus Mac Kaët; Théophile Dondey
s'était transformé en Philothée O'Neddy. Gautier
s'est souvenu de ces calembredaines lorsqu'il a
écrit *les Jeune-France* : « Pendant six mois Daniel
Jovard fut en quête d'un pseudonyme; à force de
chercher et de se creuser la cervelle, il en trouva
un. Le prénom était en *us*, le nom bourré d'autant
de K, de doubles W et autres menues consonnes
romantiques qu'il fut possible d'en faire tenir en
huit syllabes. » Cette manie dura longtemps : et si
l'on cherchait bien, on découvrirait peut-être qu'elle
n'a pas encore disparu.

Le grand homme du Cénacle, celui à qui l'on pré-
disait toute gloire à venir : — *tu Marcellus eris!* —
n'était ni Jehan du Seigneur, ni Bouchardy qui fut
le Shakespeare du boulevard du Crime, ni Gautier

qui fut un grand poète, c'était Pierre — pardon —
c'était Petrus Borel. On disait, sans rire : « Le père
Hugo n'a qu'à bien se tenir, il sera réduit en poudre
dès que Petrus débutera! » Petrus a débuté, et, sauf
ses amis, personne ne s'en est aperçu. On était, dans
l'école romantique, tellement saisi par l'extérieur
des hommes et des choses, que Petrus Borel devait
ses grandeurs futures à son teint brun, à ses cheveux noirs, à son nez aquilin, à son corps sec et
nerveux qui le faisaient pareil au type créé par
Victor Hugo pour le personnage de Hernani. Res-
sembler à Jean d'Aragon, grand maître d'Avis, duc
de Ségorbe, marquis de Monroy et n'être pas un
grand homme, que dis-je? le plus grand des hommes,
c'était une hérésie que nul membre du Cénacle ne
pouvait concevoir. Trente ans après que le Cénacle
était dispersé, mort, anéanti sauf dans le souvenir de
quelques fidèles, Gautier me disait, en levant les
bras vers le ciel : « Et dire que j'ai cru à Petrus! »
Il ne fut pas le seul : aussi quelle déconvenue lorsque
l'on vit paraître les *Rhapsodies, Champavert* et enfin
Madame Putiphar. Primitivement, il était architecte;
il n'eut point raison de délaisser l'équerre et l'encre
de chine pour la plume et l'encre de la petite vertu.
Ses débuts n'ayant point tenu ce qu'ils n'avaient
jamais promis, il obtint d'aller vivre en Algérie,
sous-préfet ou quelque chose d'approchant.

Dans le Cénacle, on méprisait l'École des beaux-
arts; élèves et professeurs étaient conspués d'une
voix unanime; être admis au « salon » était peu re-

commandable, obtenir le grand prix de Rome c'était être marqué d'une tache indélébile; les tableaux de Paul Delaroche étaient dignes, à peine, de figurer en guise de devant de cheminée, et Cortot n'avait jamais su mettre « un bonhomme » sur ses pieds. En sculpture, on préconisait Auguste Préault, qui, disait-on « modelait des idées »; en deux mots, c'était un fort bon garçon, très spirituel, auquel il n'a jamais manqué que de savoir son métier. En peinture, Eugène Devéria avait ressuscité et éclipsé Paul Véronèse, ainsi que le prouvait alors et ne le prouve plus aujourd'hui sa *Naissance de Henri IV*; quant à Louis Boulanger, qui était un ami particulier de Victor Hugo, ce n'eût pas été assez de Tintoret et de Titien pour lui préparer sa palette. Ceux-là étaient les dieux de l'art nouveau : dieux éphémères qui n'ont point mouillé leurs lèvres au breuvage qui rend immortel.

Parmi les néophytes dont ils étaient l'idole, je dois nommer Célestin Nanteuil, que j'ai côtoyé jadis, lorsque déjà l'âge l'avait touché et qui fut une des âmes les plus charmantes que j'aie rencontrées. Aux environs de 1830, lorsque l'on était en pleine mêlée romantique, c'était un grand jeune homme blond, d'une exquise douceur malgré l'énergie de ses convictions, rêvant, lui aussi, de renouveler la peinture, et si parfaitement « moyenâgeux », qu'il a servi de type à Théophile Gautier pour le personnage d'Elias Wildmanstadius des *Jeune-France*. C'eût été un peintre, il ne le fut pas. Le « *item* faut vivre »

s'imposait à lui et il a été contraint d'éparpiller —
de gaspiller — son talent, que la pauvreté, qui le
talonnait, ne lui laissa jamais le loisir de concentrer.
Volontiers il eût cherché les scènes historiques,
l'assassinat du duc d'Orléans près du logis Barbette,
le meurtre sur le pont de Montereau, le combat des
Trente; il eût représenté avec amour la ruelle où
Valentin tombe en maudissant Marguerite et la
Cour des Miracles que Pierre Gringoire égayait
par sa maladresse. Au lieu des tableaux qu'il entre-
voyait et qui eussent acquis, sous sa brosse, un
degré de sincérité respectable, il se dépensa dans
toute sorte d'*illustrations,* faites au jour le jour, sur
la commande des éditeurs et pour parer aux nécessités de la vie matérielle.

Lorsqu'il avait pu amasser quelque argent, bien
vite il se mettait devant son chevalet et peignait
de rares tableaux qui ne furent point exposés
sans succès au Salon. Ce n'était qu'un leurre; dès
que la petite épargne était épuisée, il fallait abandonner la toile commencée, sur laquelle on avait
peut-être fondé bien des espérances, reprendre la
pointe du graveur à l'eau-forte, le crayon du litho-
graphe, la mine de plomb du dessinateur sur bois,
faire des frontispices, des culs-de-lampe, des lettres
ornées et des vignettes pour les romances. A ce
métier il s'épuisa.

Vers la fin de sa vie, il fut nommé directeur de
l'École de dessin à Dijon; c'était le repos assuré,
il se remit au travail et reprit le pinceau; mais il

était trop tard et il s'aperçut qu'il avait changé son
louis d'or contre la monnaie de billon. Toute révé-
rence gardée, comme disent les paysans, je comparerais volontiers Célestin Nanteuil à Théophile Gautier. La même fatalité a pesé sur leur existence;
celui-ci était peintre, celui-là était poète. L'un et
l'autre ont dû consacrer le meilleur de leur temps
à des besognes — les illustrations, le feuilleton
— qui les ont empêchés de donner à leurs œuvres
toute l'ampleur que leur talent comportait. Malgré
les lancinements de la vocation, le temps et le
loisir ont manqué à tous deux : à Célestin Nanteuil pour ne faire que des tableaux; à Théophile
Gautier pour ne parler qu'en vers. L'art y eût
gagné et la France aussi : mais le pain ne peut
attendre.

Dans l'intimité du Cénacle, on appelait Célestin
Nanteuil : le capitaine; non pas qu'il eût porté la
double épaulette d'or et le sabre d'ordonnance; fi
donc! entre initiés on n'admettait que les lames
authentiques de Tolède, les cottes de mailles de
Milan, les poignards ciselés par Benvenuto Cellini;
mais à toute autre arme on eût préféré :

> Notre dague de famille;
> Une agate au pommeau brille
> Et la lame est sans étui.

Donc nul service militaire à l'actif de Célestin Nanteuil; son surnom néanmoins était mérité et con-
statait la vaillance déployée sur les champs de

bataille romantiques, lorsque, aux premières représentations de Victor Hugo, on faisait donner les intrépides, les chevelus, « les durs à cuire », dont l'intervention à la fois opportune et violente avait souvent déterminé la victoire. Ceux-là, dont rien ne modérait l'enthousiasme, étaient à l'armée romantique ce que fut la vieille garde aux armées de Napoléon Ier : ils ne reculèrent jamais. Ce bataillon sacré, c'était Célestin Nanteuil qui le commandait. Au mois de mars 1843, lorsque la Comédie-Française allait représenter *les Burgraves,* Victor Hugo se souvint du chef vigoureux qui ne s'était point ménagé à *Hernani,* au *Roi s'amuse,* à *Lucrèce Borgia,* à *Marie Tudor,* et il dépêcha vers lui deux de ses disciples pour lui demander trois cents jeunes gens auxquels serait confiée la mission d'aider au succès du prochain drame. Célestin Nanteuil écouta les messagers et répondit : « Il n'y a plus de jeunes gens. » On insista ; secouant la tête, triste comme s'il eût contemplé la défaite d'une armée jadis victorieuse, il reprit : « Dites au maître qu'il n'y a plus de jeunes gens. » On ne put lui arracher une autre parole. *Les Burgraves* furent joués ; ce ne fut pas une bataille, ce fut une déroute.

Dans le Cénacle, dans ce milieu à la fois farouche par la raideur des opinions et tendre par l'affection qui unissait tous les membres, enivré d'amour de l'art, immodéré comme il sied aux heures de la primevère, méritant d'avoir pour devise le mot *excelsior,* désintéressé surtout, sans aucune pensée de

lucre, méprisant le bien-être, s'imaginant que l'on
peut vivre de poésie, déjeunant d'une ode et sou-
pant d'une ballade, dans ce milieu, Théophile Gautier reçut une empreinte ineffaçable. Toute sa vie il
resta le compagnon mystique des premiers disciples
et l'adorateur de Victor Hugo, révélateur, apôtre et
prophète. Les excentricités dont il avait été le
témoin et bien souvent le héros, si folles qu'elles
étaient, ne lui furent pas inutiles. Il semble qu'elles
se soient cristallisées, épurées en lui, pour devenir
cette originalité qui est une des qualités primor-
diales de son talent et qui lui constitue une indivi-
dualité reconnaissable entre toutes.

Comme il a regretté ces heures du Cénacle dont
le souvenir l'a charmé jusqu'au seuil de la vieillesse,
qu'il ne devait pas franchir! Il ne peut en parler
sans être ému; à son attendrissement se mêle une
pointe d'orgueil, lorsqu'il rappelle « ces belles mi-
sères où l'on se nourrissait de gloire et d'amour »
et qu'il s'écrie : « Fit-on jamais meilleure chère? »
Il retrouve, un jour, une lettre qu'en 1857 lui
avait adressée Bouchardy, celui que le Cénacle appelait le maharadjah de Lahore; tout son cœur en
est agité, car son ancien compagnon d'idéal lui
dit : « Le plus beau de tous les rêves, nous l'avons
fait les yeux ouverts et l'esprit plein de foi, d'enthousiasme et d'amour. » A ces paroles, Gautier
tressaille, comme un vieux capitaine qui entend
sonner le clairon des combats, et il écrit : « Vingt-
sept années déjà séparent cette date de 1830. Le

souvenir a la fraîcheur d'un souvenir d'hier; l'impression d'enchantement subsiste toujours. De la
terre d'exil où l'on poursuit le voyage, gagnant la
gloire à la sueur de son front, à travers les ronces,
les pierres et les chemins hérissés de chausse-
trapes, on retourne avec un long regret des yeux
mélancoliques vers le paradis perdu. Une telle joie
ne devait sans doute pas durer. Être jeune, intelligent, s'aimer, comprendre et communier sous toutes
les espèces de l'art, on ne pouvait concevoir une
plus belle manière de vivre, et tous ceux qui l'ont
pratiquée en ont gardé un éblouissement qui ne se
dissipe pas [1]. » Une autre fois, faisant allusion à la
même époque, il écrit à Sainte-Beuve : « Oui, nous
avons cru, nous avons aimé, nous avons admiré;
nous étions ivres du beau, nous avons eu la sublime
folie de l'art. »

Non « une telle joie ne devait pas durer »; le
Cénacle se dispersa; on quitta la grande route où
l'on marchait de conserve et chacun prit le sentier
que l'aptitude ou la nécessité ouvrait devant lui. On
resta uni par l'invisible lien de la foi commune, mais
on fut séparé; sans que la troupe fût moralement
licenciée, chaque soldat s'en alla vers son étape
particulière, sachant bien qu'au premier appel on
se retrouverait autour du drapeau.

Vers cette époque, c'est-à-dire en 1833, Théophile Gautier alla s'installer, impasse du Doyenné,

---

1. *Histoire du romantisme,* p. 86, 87.

dans une vieille maison où habitaient Camille Rogier,
Arsène Houssaye et Gérard de Nerval. C'était la
Thébaïde au milieu de Paris. L'achèvement du
Louvre et la plantation du square ont fait disparaître les anciennes constructions qui subsistaient
encore et que le souvenir ne reconstitue aujourd'hui
que difficilement. Gérard de Nerval a écrit l'histoire
de l'existence que les quatre amis menaient ensemble
et il l'a baptisée : *la Bohême galante.*

En 1836, Théophile Gautier entra au journal *la
Presse,* que l'on venait de fonder; il fut d'abord
chargé de la critique d'art, puis peu de temps après
de la critique dramatique. « Là, dit-il dans son
autobiographie, finit ma vie heureuse, indépendante
et primesautière. » Le feuilleton venait de le saisir
et ne devait plus le lâcher.

CHAPITRE II

LE CRITIQUE

En 1836, Théophile Gautier avait vingt-cinq ans ;
ce n'était plus un inconnu pour une certaine élite de
lecteurs, et il était célèbre dans le monde des artistes,
dans celui des écrivains et dans l'école romantique,
qui voyait en lui un de ses plus illustres adeptes.
Il n'était pas resté oisif et son bagage littéraire était
déjà sérieux. L'insuccès de son volume de poésies,
si malencontreusement offert au public pendant que
Paris faisait des barricades en criant : « Vive la
Charte ! » ne l'avait pas découragé ; successivement, il publia : 1832, *Albertus* ; 1833, *les Jeune-
France* ; 1834, la première partie des *Grotesques* ;
1835, *Mademoiselle de Maupin* ; sans compter un
nombre appréciable d'articles sur tout sujet qui
parurent dans différents recueils périodiques.

Ces articles, on en trouvera la nomenclature, avec
indication d'origine, date, citation, appréciation dans
le livre que le vicomte Spoelberch de Lovenjoul a

consacré à l'œuvre de Théophile Gautier. Avec une
patience de bénédictin et une persévérance que soutenait l'admiration, l'auteur a rassemblé tous les volumes, tous les articles, toutes les feuilles éparses
de l'énorme labeur de Gautier; il n'a rien omis, rien,
pas même les variantes, pas même les *errata*. C'est
l'acte — l'acte mérité — d'un dévot envers son idole.
Toute l'œuvre de ce nonchalant, qui fut un des plus
rudes ouvriers des lettres françaises, toute cette vaste
besogne où sa vie fut occupée, se déroule et se dévoile, jour par jour, heure par heure, pour ainsi
dire, depuis le moment où, sortant du collège,
Théophile Gautier saisit une plume pour la première fois, jusqu'au moment où elle échappe à sa
main glacée. Nul monument plus glorieux, construit
de matériaux irrécusables, ne pouvait être élevé à
la mémoire du poète et du prosateur. A ceux qui
seraient tentés de répéter la calomnie de la banalité
oisive : « Gautier est un paresseux », on peut répondre désormais par un démenti irréductible, en
montrant les deux énormes volumes où M. Spoelberch de Lovenjoul a condensé le résultat de ses
recherches, qui souvent nous serviront de guides [1].

---

1. *Histoire des œuvres de Théophile Gautier*, par le vicomte
Spoelberch de Lovenjoul. Paris, Charpentier 1887, 2 vol. in-8°,
495 et 602 pages, 2370 numéros. J'ai relevé, t. I, de la page 1
à la page 94, le titre des différents journaux et keepsakes
où Théophile Gautier a écrit avant d'entrer à *la Presse*; il
m'a paru intéressant de reproduire cette nomenclature, qui
n'éveillera aujourd'hui que bien peu de souvenirs : *le Gastronome, le Mercure de France du* XIXe *siècle, le Cabinet de
lecture, l'Almanach des Muses, la France littéraire, les Annales*

Le premier feuilleton que Gautier écrivit dans *la Presse* est du 22 août 1836; les typographes le signèrent Gauthier, avec cette *h* parasite qui devait poursuivre le poète pendant sa vie entière et lui arracher parfois un sourire qui n'était pas sans amertume. Pendant dix-neuf années consécutives, il fut le pourvoyeur attitré des articles d'art et de critique dramatique dans ce que l'on appelait alors : le journal d'Émile de Girardin; il le quitta au mois d'avril 1855 pour entrer au *Moniteur universel*.

Lorsque le *Journal officiel* fut créé pour remplacer le *Moniteur universel*, Théophile Gautier y passa et y continua, jusqu'à son heure suprême, cette tâche énervante qui depuis longtemps lui était devenue insupportable. Il se vit condamné, durant un laps de trente-six ans, à rendre compte des pièces jouées sur les théâtres de Paris et à disserter sur les tableaux, les statues encombrant les expositions publiques; la mort seule le délivra : en vérité, c'est excessif.

Dans le *Stello* d'Alfred de Vigny, le lord maire dit à Chatterton : « J'ai retenu ceci de Ben Jonson et je vous le donne comme certain : savoir que la plus

romantiques, *le Voleur, le Diamant, le Selam, l'Amulette, le Journal des gens du monde, la France industrielle, la Vieille Pologne, l'Églantine, le Monde dramatique, l'Abeille, le Rameau d'or, la Chronique de Paris, l'Ariel.* D'après une tradition de famille, le début en prose de Théophile Gautier aurait eu lieu dans *le Gastronome*, le 24 mars 1831, par *un Repas au désert d'Egypte*, article anonyme que M. Spoelberch de Lovenjoul reproduit sous bénéfice d'inventaire.

belle Muse du monde ne peut suffire à nourrir son
homme et qu'il faut avoir ces demoiselles pour maîtresse, mais jamais pour femme. » Le pauvre Gautier
le sut; sa femme légitime fut la critique — mariage
de raison — qui lui apporta en dot le feuilleton dramatique. Il en vécut, tout au moins il en subsista;
mais on peut affirmer que plus d'un poème en mourut,
faute d'avoir eu le temps de venir au monde. De ceci
il ne se consola jamais et se comparait volontiers à
un cheval de course attelé à une charrette de moel-
lons. La charrette c'était cette corvée hebdomadaire
chargée de vaudevilles, de pantalonnades, de turlu-
taines et de drames épais qu'il lui fallait accomplir,
à heure fixe, sous peine de jeûner et de faire jeûner
les siens. Un jour, il me disait avec la mélancolie
souriante qui lui était familière : « Je crois que je
suis l'héritier légitime de Gautier-sans-avoir. Il m'a
légué sa pauvreté et sa mauvaise fortune. Comme
lui je n'ai ni fief ni aumônière pleine; comme lui j'ai
guidé la croisade vers la terre sainte de la littérature
et comme lui je mourrai en route sans même apercevoir de loin la Jérusalem de mes rêves. »

Son premier article fut consacré aux peintures
décoratives qu'Eugène Delacroix venait de terminer
à la Chambre des Députés. Il continuait ainsi la critique d'art, en laquelle il passa maître, et où il
s'était déjà essayé dans quelques journaux littéraires
de ce temps-là. Il y acquit rapidement une notoriété
considérable et dans le monde des artistes il eut une
autorité que souvent il fallut subir. Dès le Salon

de 1837, avec une vivacité qui démontre la sincérité de ses convictions, il attaqua l'art bourgeois, l'art « pot-au-feu » comme l'on disait alors, où Drolling, avec ses chaudrons bien étamés, Mallebranche avec ses effets de neige, Louis Ducis avec ses troubadours, avaient trouvé quelque renom. Voulant frapper à la tête, il s'en prit à Paul Delaroche, déjà célèbre et fort admiré pour *les Enfants d'Édouard* (1831), *Richelieu sur le Rhône*, *Mazarin mourant*, *Cromwell* (1832), *Jane Grey* (1834). A propos de *Charles Ier insulté par des soldats dans un corps de garde,* il le traita avec une sévérité qui fut excessive. Tout en reconnaissant que les sujets fort habilement choisis par Paul Delaroche déterminaient son succès, bien plus que l'art avec lequel ils étaient traités ; tout en admettant que l'aspiration ne s'élève pas au-dessus de terre et que la simple reproduction d'un fait d'histoire ne constitue pas la peinture historique, on peut convenir que les qualités, souvent froides, il est vrai, et parfois un peu ternes de l'artiste, méritaient d'être moins durement appréciées. La chaleur du combat n'était pas éteinte, c'est là une excuse ; on se gourmait encore au nom de l'École romantique, repoussée sans réserve par l'Académie des beaux-arts, et qui ne faisait que bien difficilement sa trouée aux Salons annuels que l'on semblait vouloir lui fermer de parti pris. Si la critique de Théophile Gautier a dépassé la mesure en cette circonstance, il est juste de rappeler qu'il était le champion d'une cause que l'on combattait à outrance, que ses adversaires étaient

non seulement nombreux, mais puissants, dans la
place, et que, malgré son agilité, sa vaillance et sa
force, il ne parvenait pas à rendre coup pour coup.
Et puis ne pouvait-il pas dire, comme le poète Feuchtersleben : « J'ai toujours détesté la médiocrité ; c'est
pourquoi, au cours de ma jeunesse, je me suis souvent pris de haine pour la modération. » A cette
époque, on assimilait volontiers Paul Delaroche à
Casimir Delavigne. Sans être irrespectueux envers
leur mémoire, on peut reconnaître qu'ils manquaient,
l'un et l'autre, de cette originalité et de cette exagération voulues que le romantisme exigeait de ses
disciples. Plus tard, en 1858, deux ans après la
mort du peintre, Gautier fit amende honorable :
« Autrefois, dit-il, nous avons assez rudement mal-
mené Paul Delaroche. C'était à une époque où la
polémique d'art se faisait à fer émoulu et à toute
outrance [1]. »

Les expositions de beaux-arts ne se produisant
qu'une seule fois par an, c'était le feuilleton dramatique, toujours alimenté par l'incessante production des théâtres, qui allait être la plus exigeante
occupation de Théophile Gautier. Avant de la lui
confier, *la Presse* avait fait diverses tentatives qui
ne parurent pas heureuses. Voulant renouveler ce
genre de critique fort alourdi par les méthodes, pour
ainsi dire pédagogiques, que Geoffroy, Hoffmann,

1. Voir Th. Gautier, *Portraits contemporains*, 1 vol. in-16,
1886, Charpentier, p. 291 et suiv.

Duviquet avaient imposées, elle avait successivement appelé Alexandre Dumas, Frédéric Soulié, Granier de Cassagnac; puis Gérard de Nerval en collaboration avec Théophile Gautier; ils signaient G. G. pour parodier le J. J. de Jules Janin, qui restait seul chargé du feuilleton du *Journal des Débats* qu'il avait d'abord partagé avec Lœve-Veïmars, après la retraite de Duviquet. Gérard de Nerval était d'esprit nomade et d'instincts vagabonds; il ne put s'astreindre à une besogne qui comportait quelque régularité. Théophile Gautier, plus sédentaire, demeura seul au rez-de-chaussée du journal *la Presse* pour édifier le public sur la valeur littéraire de pièces qui, le plus souvent, n'en avaient aucune.

Dans ce métier — c'en fut un pour lui, rien de plus — il déploya des qualités de premier ordre, et plusieurs de ses articles, qui sont de véritables chefs-d'œuvre, restent enfouis et comme perdus au milieu de « la copie » hebdomadaire qu'il était obligé de produire. A cet égard, il ne se faisait aucune illusion et disait : « Le livre seul a de l'importance et de la durée; le journal disparaît et s'oublie. Étienne Bequet a fait pendant quinze ans la critique au *Journal des Débats* : qui s'en doute aujourd'hui? mais tout le monde a lu, tout le monde lira *le Mouchoir bleu,* une plaquette qui n'a pas vingt pages. Le feuilleton est un arbuste qui perd ses feuilles tous les soirs et qui ne porte jamais de fruits. » On peut dire, sans exagération, que pendant toute son existence de critique dramatique il a fait ses articles avec découra-

gement sinon avec dégoût. Cela se comprend, il était
là comme un rossignol en cage ; toutes les fois qu'il
voulait prendre son vol pour aller chanter sous le
ciel libre, le feuilleton le retenait et le forçait à psal-
modier la complainte du cinquième acte ou l'épithala-
lame du jeune premier épousant la jeune première.
Plus d'une fois — et je ne l'en puis blâmer —, il
s'est déchargé de cette besogne sur quelque ami
compatissant qui soulevait ses chaînes de bon cœur,
pour l'empêcher d'en sentir le poids.

S'il eût été moins assujetti, s'il eût choisi ses
sujets au lieu d'être contraint de les subir, il eût, à
son œuvre, pu ajouter des œuvres considérables. Il
avait déjà donné la preuve de ce que sa connaissance de l'histoire, son goût pour notre vieille littérature, son esprit perspicace, lui permettaient de
faire. Si, au lieu de bâcler deux mille feuilletons,
Théophile Gautier, tout en écoutant la Muse qu'il
adorait, avait eu le loisir d'écrire une histoire de la
littérature française, quel régal pour les raffinés,
quel trésor pour les savants, quelle bonne fortune
pour tout le monde ! Par ce qu'il avait fait dès l'âge
de vingt-trois ans, on peut apprécier ce qu'il aurait
pu faire dans la maturité du savoir et de l'intelligence.

Le 1er décembre 1833, Théophile Gautier signa
avec Charles Malo, directeur de *la France littéraire*,
un traité par lequel il s'engageait « à composer une
série d'articles, sous le titre d'*Exhumations littéraires*. Cette série formera une étude complète des

vieux poètes français... et sera composée de douze
articles.... M. Charles Malo s'engage à lui payer ces
douze articles, à mesure que M. Gautier les lui
livrera, sur le pied de cinquante francs l'article ».
Ces douze articles réunis en deux volumes in-8°,
formant ensemble six cent soixante dix-sept pages,
furent publiés en 1844 sous le titre : *les Grotesques.*
On voit qu'en ce temps d'art et de renouveau la
littérature était peu rémunératrice, ainsi que disent
les économistes. Onze de ces articles parurent successivement dans *la France littéraire* au cours des
années 1834 et 1835; le douzième et dernier — *Paul
Scarron* — fut inséré dans la *Revue des Deux Mondes*
du 15 juillet 1844[1]. *Les Grotesques* représentent le
début de Théophile Gautier dans la critique sérieuse,
et à ce titre ils ont une importance qu'il convient
de ne pas dédaigner. J'ai dit : critique sérieuse, et
je ne m'en dédis pas, car sérieux ne signifie pas
ennuyeux; le savoir n'implique pas le pédantisme;
on peut être ingénieux avec humour et grave avec
originalité. Je tiens ce livre pour excellent; je viens
de le relire, pour la dixième fois peut-être, avec
autant de plaisir et d'intérêt que si je ne le con-
naissais pas.

À moins qu'il ne cherche à dissimuler une ironie, le titre en est déplaisant; on ne le comprend
guère; il ne répond pas à l'ouvrage qu'il indique.
Il se ressent trop des opinions littéraires que les

1. Spoelberch de Lovenjoul, *loc. cit.*, numéros 93 à 711.

critiques « autorisés » soutenaient encore au temps de la jeunesse de Gautier, alors qu'il était de mauvaise compagnie de ne pas mettre au rancart les poètes antérieurs à Malherbe, que l'*Art poétique* de Boileau avait vilipendés. Gautier a sans doute subi l'influence des idées ambiantes, qui pourtant n'étaient pas les siennes. Si, malgré leur verve, Georges de Scudéry et Cyrano de Bergerac sont désagréables par leur attitude de matamores de plume et d'épée, si Chapelain est lourd et rocailleux, si Guillaume Colletet est fadasse, si Saint-Amant force trop la note comique, François Villon, Théophile de Viau sont des poètes avec lesquels l'histoire littéraire doit compter, et Scarron pousse parfois la scurrilité jusqu'à une vigueur de burlesque inconnue avant lui; je ne vois que Scalion de Virbluneau et Pierre de Saint-Louis qui soient absolument grotesques et dignes de l'épithète qui aurait dû être épargnée aux autres. Le choix de ce titre étonne de la part de Gautier, qui plus d'une fois a dit : « Il faut déjà bien du talent pour écrire un livre médiocre ou peindre un mauvais tableau. »

Au début de l'étude consacrée à François Villon, il ne dissimule cependant pas ses préférences, tout en semblant s'excuser d'y obéir : « Ce n'est guère, dit-il, que dans le fumier que se trouvent les perles, témoin Ennius. Pour moi, je préférerais les perles du vieux Romain à tout l'or de Virgile; il faut un bien gros tas d'or pour valoir une petite poignée de perles. Je trouve un singulier plaisir à déterrer un beau vers dans un poète méconnu; il me semble que sa pauvre ombre doit être consolée et se réjouir de voir sa pensée enfin comprise; c'est une réhabilitation que je fais, c'est une justice que je rends; et si quelquefois mes éloges pour quelques poètes obscurs peuvent paraître exagérés à certains de mes lecteurs, qu'ils se souviennent que je les loue pour tous ceux qui les ont injuriés outre mesure, et que les mépris immérités provoquent et justifient les panégyriques excessifs. » Les éloges que Gautier distribue au cours de ses études sur *les Grotesques,* n'ont rien qui nous choque; ce qui prouve peut-être que les poètes étudiés par lui sont plus connus de nos jours qu'aux environs de 1834, où bruissait encore l'écho des applaudissements prodigués à Mme Dufresnoy, à Luce de Lancival et où Béranger — le Tyrtée moderne, comme l'on disait — passait pour le plus grand poète qui eût jamais honoré une nation.

Ce qui frappe dans ce livre, c'est sa modération, qui paraît presque extraordinaire lorsque l'on se reporte à ces années de luttes où les romantiques et les classiques s'injuriaient à plume que veux-tu, en se prenant à la perruque et à la barbiche. On dirait que Gautier est déjà en possession d'une sorte de sérénité supérieure qui lui permet de s'abstraire des passions transitoires pour mieux comprendre et signaler le beau, d'où qu'il vienne et là où il le découvre. Le style est net, d'une correction déjà irréprochable, sans rien d'alambiqué, comme celui

où Sainte-Beuve devait se complaire plus tard, sans
aucun de ces sous-entendus, de ces pensées à demi
exprimées dont les écrivains, qui font œuvre habituelle de critique, aiment à envelopper et souvent
à obscurcir leurs jugements. Pas un instant sa fran-
chise n'est en défaut, il ne trompe personne, ni lui
ni les autres; il est absolument sincère, aussi bien
quand il se raille des balourdises du sieur de Virbluneau, que lorsqu'il met en lumière les hautes
qualités de Théophile de Viau et qu'à propos de *la
Pucelle* de Chapelain, il s'étonne qu'un tel sujet, si
complet et si prodigieux, n'ait produit que des œuvres
d'une déplorable infériorité, ou une polissonnerie
indigne d'un auteur et d'une langue respectables.
« Que de merveilles, dit-il, dans cette vie si courte
et si pleine; on croirait plutôt lire une légende qu'une
chronique. Il y a là dedans la matière d'un *romancero*. Eh bien! avec un si magnifique sujet, une
héroïne véritable qui laisse de bien loin derrière
elle la Camille de Virgile, les Bradamante, les Mar-
phise, les Clorinde et toutes les belles guerrières
des épopées italiennes, Chapelain n'a pu faire qu'une
lourde gazette rimée, ennuyeuse comme la vie; Voltaire qu'une infâme priapée, abominable comme
intention et d'une médiocrité singulière, même dans
ce misérable genre. Pauvre Jeanne d'Arc! Les
Anglais t'ont fait brûler seulement et ne t'ont pas
violée. » Un mot est à retenir dans le passage que
je viens de citer, car il renferme un conseil, un conseil précieux, que feront bien de méditer les futurs

poètes de Jeanne d'Arc : « il y a là dedans la matière d'un *romancero* ».

Cette étude sur des poètes dédaignés et trop long-temps laissés en oubli offre cette particularité qu'elle est faite d'une façon impersonnelle et avec une très sereine intelligence historique. Certes, Théophile Gautier est de son temps, il n'a ni coupé sa cheve-lure, ni dépouillé le fameux gilet rouge ; à certaines allusions, à quelques ironies, on reconnaît l'adepte convaincu des théories nouvelles ; mais ce n'est pas en vertu de ces théories qu'il juge les auteurs dont il parle, car elles n'existaient point au jour de leur célébrité. Dans Molière il ne voit pas un prédéces-seur de la Révolution française, et Malherbe ne lui apparaît point comme un défenseur du « trône et de l'autel ». Il apprécie leurs œuvres selon les idées — erreurs ou vérités — qui avaient cours à leur époque ; il est sobre de commentaires, il bafoue la sottise, fait valoir le talent et ne s'ingénie pas, comme tant de critiques l'ont fait, à découvrir sous ce que le poète a dit ce que le poète n'a pas voulu dire. En un mot, il ne tombe jamais dans cette absurdité de juger des ancêtres d'après les tendances et les apti-tudes de leurs arrière-petits-neveux. En revanche, il tient grand compte du milieu social, de l'histoire et même de l'historiette ; il sait que l'écrivain et le public agissent l'un sur l'autre, il ne nie pas la puis-sance souvent tyrannique de la mode et constate, avec sa sagacité ordinaire, l'influence exercée par les littératures étrangères sur la littérature fran-

çaise, qui devient espagnole ou italienne, selon les
jours, avant d'entrer dans la fausse tradition grecque
et latine dont le romantisme l'a enfin délivrée.

Non seulement il fait une analyse, rapide quoique
complète, des œuvres principales de ses poètes, mais
il dessine ceux-ci de pied en cap, et d'un trait si
net qu'on le croirait tracé d'après nature : François
Villon, avec ses allures d'un truand de la petite
flambe, sans souci pourvu que son verre soit plein
et pensant parfois avec mélancolie à la corde qui
saura ce qu'il pèse; Cyrano, la moustache en croc,
sous son énorme nez, et la flamberge au vent; Chapelain montrant « sa tête austère, sobre, avec quelques grandes rides scientifiques pleines de grec et
de latin, des rides qui ressemblent à des feuillets de
livre »; Scarron ratatiné, replié sur lui-même, riant
quand la souffrance ne lui arrache pas des gémis-
sements, soigné par sa femme, la belle Françoise
d'Aubigné, qui sera reine de France et regrettera
« sa bourbe » au milieu des splendeurs de Versailles;
tous ânonnant leurs poèmes, récitant leurs bouquets à
Chloris, déclamant leurs tirades, grimaçant leurs paro-
dies, défilent devant le lecteur, qui est étonné de leur
ressemblance, quoiqu'il ne les ait jamais vus, tant ils
sont vivants sous la plume dont l'art les a ressuscités.

Sa probité littéraire est égale à son exactitude;
malgré sa déférence pour les maîtres, pour ceux
mêmes dont le génie s'est imposé à l'admiration des
siècles, il n'hésite pas à les dépouiller de certains
larcins auxquels ils se sont laissés entraîner et qu'il

restitue à ceux qui en ont été les victimes. A ce sujet il fait une sorte de profession de foi qu'il est bon de rappeler. Comme s'il eût voulu lui donner plus de force, il s'adresse directement à ses lecteurs : « Vous avez sans doute entendu dire que la scène de la galère, dans *les Fourberies de Scapin,* était imitée de Cyrano de Bergerac, mais il est peu probable que vous l'ayez été déterrer où elle est, dans *le Pédant joué;* lisez ceci, et, malgré tout le respect que l'on doit au grand Molière, dites si ce n'est pas le plus effronté plagiat qu'il se puisse voir; ce plagiat, d'ailleurs, n'est pas le seul que Molière ait à se reprocher; si l'on consultait les anciens canevas et les nouvellistes italiens, tels que, par exemple, les *Nuits facétieuses* du seigneur Straparole, il resterait au maître de la langue française bien peu de chose du côté de l'invention; il n'en resterait pas davantage à Shakespeare. Une chose très singulière et qui devient plus notoire de jour en jour par les investigations de la science, c'est que les hommes que l'on est convenu d'appeler des génies n'ont rien inventé à proprement parler, et que toutes leurs imaginations et leurs données se trouvent le plus souvent dans des auteurs ou médiocres, ou obscurs, ou détestables. Qui en fait donc la différence? Le style et le caractère, qui, au bout du compte, sont les seules choses qui constituent le grand artiste, tout le monde pouvant trouver un incident ou une idée poétique, mais bien peu étant en état de la réaliser et de la rendre de façon à se faire comprendre des autres. »

Ceci dit, il cite la scène du *Pédant joué* dont il est incontestable que Molière s'est inspiré pour écrire la scène des *Fourberies de Scapin*. En les comparant l'une à l'autre, on peut constater ce qu'une idée comique trouvée par un homme d'esprit devient sous la plume d'un homme de génie. Donc Théophile Gautier a raison : la scène est immortelle, non point parce qu'elle est inventée par Cyrano de Bergerac, mais parce qu'elle a été arrangée, développée et mise en vraie place par Molière. La donnée est la même, la phrase essentielle, si souvent répétée : « Qu'allait-il faire dans cette galère? » est la même; mais, en vérité, les deux scènes ne se ressemblent pas plus que *le Pédant joué* ne ressemble aux *Fourberies de Scapin*.

Molière ramasse une idée dans le fatras de Cyrano de Bergerac et en tire un chef-d'œuvre; Scarron prend une légende passée à l'état de fable, et en fait une farce. Le vague souvenir d'une sorte de Jacquerie préhistorique, transmis de génération en génération, demeure une tradition orale, jusqu'au jour où Hésiode le recueille et lui donne l'immortalité dans sa *Théogonie,* dont Evhémère a dû sourire. Plus tard, lorsque la langue latine est déjà décadente, Claudien sera tenté par ce sujet et lui consacrera son poème de *la Gigantomachie,* dont il ne reste que quelques fragments. A son tour Paul Scarron s'empare de la guerre des géants, et avec son esprit aussi biscornu que sa personne, en compose, sous le titre de *Typhon,* une pantalonnade digne des tréteaux de la foire, d'où elle est tombée pour ne se relever jamais. Théophile Gautier a fait l'analyse de cette bouffonnerie, et cette analyse est un modèle de sans façon, de verve et d'enjouement. On peut être surpris que Scarron, dont les souffrances étaient telles,

> Qu'il pleurait comme un veau, bien souvent comme deux,
> Quelquefois comme quatre,

ait pu s'oublier assez pour abonder ainsi « en vers plaisants, en manières de dire originales, en idiotismes qui sentent bien leur terroir »; mais, tout en étant assez amoureux de son poème, il eût envié la prose alerte, la belle humeur, la gaieté de bon aloi avec lesquelles Gautier a traité les « fils de la terre » que ses vers ont ridiculisés. Les chapitres des *Grotesques* sont, du reste, pleins d'aperçus ingénieux, de morceaux lestement enlevés et de petits tableaux historiques peints de main de maître. La bonhomie est parfois un peu narquoise, mais on y trouve toujours le témoignage du respect dû aux tentatives élevées de l'esprit. Plus d'un de « ces placards », comme eût dit Estienne Pasquier, devraient être donnés, dans un cours de littérature, comme exemple de critique intelligente, faite en connaissance de cause, courtoise par façon d'être, juste sans morgue et savante sans cuistrerie.

Quelques années après avoir publié *les Grotesques* en librairie, il eut l'intention de leur donner une suite en faisant une série d'études détachées sur les prédécesseurs de Corneille, sur Desmazures, Grévin,

Jean de La Taille, sur Robert Garnier, dont il aimait
à citer un vers emprunté à la *Bradamante* :

Roulant mes libres jours en libre pauvreté,

et principalement sur Montchrétien, qu'il admirait en
le plaignant de l'oubli immérité où ses œuvres sont
ensevelies. La vie de l'homme le stimulait ; il eût voulu
l'écrire, car il y eût trouvé matière à la reconstitution de ces mœurs hardies du XVIᵉ siècle qui lui plai-
saient entre toutes.

Il avait apprécié le poète tragique ; les vers des
Lacènes ne l'avaient point laissé indifférent ; *l'Ecos-
saise* l'étonnait par la hardiesse de l'auteur, qui
dix-huit ans après l'exécution du 18 février 1587 ose
mettre au théâtre la mort de Marie Stuart ; *Aman*
l'intéressait, peut-être à cause des emprunts que
Racine y avait faits pour *Esther,* avec peu de discrétion et jusqu'à y copier textuellement un vers

L'insolent devant moi ne se courba jamais.

Cependant ce qui l'attirait le plus vivement vers
Montchrétien, c'était l'aventurier, l'assassin, le fugi-
tif, le chef de bande qui devait mourir, au bourg
des Tourailles, à l'âge de quarante-six ans, tué à
coups de hallebarde et de mousquet par le seigneur
Claude Turgot, un des ancêtres du ministre trop
éphémère de Louis XVI. Gautier se promettait
quelque plaisir et éprouvait quelque fierté à démontrer, pièces en main, que le sieur Antoine Mont

chrétien de Vatteville était le premier auteur qui eût écrit un *Traicté de l'œconomie politique*, créant ainsi ce mot, dont on devait tant abuser plus tard. C'était un point de départ qui eût permis de faire des incursions parmi les nouvelles théories sociales : Gautier n'y eût pas manqué, car, par curiosité, il avait non pas étudié, mais feuilleté les œuvres de ceux que l'on avait appelés : les dieux modernes. Bien souvent nous dissertâmes ensemble de cette série de sujets qui, traités par lui, eussent été d'un haut intérêt et qui devaient former une suite d'articles destinés à la nouvelle *Revue de Paris* (1851). Ce projet ne fut point mis à exécution. En 1852, Théophile Gautier partit pour Constantinople, et les prédécesseurs de Corneille s'en allèrent rejoindre tant de rêves qui jamais ne furent réalisés.

C'eût été une œuvre magistrale, écrite avec un soin particulier, comme s'il eût voulu se consoler des tristesses de son feuilleton hebdomadaire. Autant il se sentait énervé, comme diminué, par cette besogne que la médiocrité des thèmes sur lesquels il était contraint de broder rendait insipide, autant il lui eût été doux de saisir toute une époque littéraire, de l'expliquer dans l'ensemble aussi bien que dans les détails et d'en faire une de ces études vigoureuses auxquelles il excellait. La tâche eût été digne de son talent, comme celle qu'on lui offrit en 1867 et qu'il accepta avec joie, quoiqu'elle fût plus restreinte qu'il ne l'aurait désiré. C'était au début de l'Exposition universelle ; chacune des sections dont elle était composée, et où resplendissaient les œuvres de l'art et de l'industrie, devait adresser au ministre compétent un rapport faisant connaître les progrès accomplis depuis un nombre d'années déterminé. On estima qu'il était équitable de ne point tenir les belles-lettres hors de toute manifestation attestant leur vitalité, et Théophile Gautier fut chargé par le Ministre de l'instruction publique de rédiger un mémoire sur la poésie en France depuis 1848 [1].

En deux mots, le gouvernement voulait avoir un rapport sur la poésie française depuis l'élection du prince Louis-Napoléon Bonaparte à la première magistrature de la république. On n'eût pas été fâché de pouvoir démontrer que les lettres françaises s'étaient glorieusement développées sous la présidence de Louis Bonaparte et pendant les quinze premières années du règne de Napoléon III. Si tel fut l'espoir des maîtres du jour, cet espoir fut déçu; car Théophile Gautier, tout en usant de sa bienveillance habituelle, fut très loyal et très net. Il ne transigea ni avec ses convictions littéraires, ni contre les renommées acquises, ni au profit de ses propres intérêts. Peut-être n'était-ce pas sans péril pour lui. Il avait en quelque sorte une situation de critique patenté au *Journal officiel*; cette situation pouvait lui être enlevée

---

1. Ce mémoire est intitulé : *les Progrès de la poésie française depuis 1830*, mais il ne détermine que le rôle joué par la poésie dans la littérature française depuis *la révolution de 1848*. Il contient cent six pages d'impression, qui ont été jointes à l'*Histoire du romantisme*, 1 vol. in-16. Charpentier, Paris, 1854.

par un acte de bon plaisir ou de mauva vouloir; il n'en tint compte et parla avec autant de sincérité que si son rapport eût été destiné à ne paraître qu'après sa mort.

Ce mémoire, qui fut joint à la collection des rapports sur l'Exposition universelle de 1867, est un résumé des tentatives poétiques faites en France depuis que le trône du roi Louis-Philippe a été déclaré vacant par la seconde république. Nomenclature des auteurs et des œuvres, analyse succincte, courte appréciation et parfois conseils excellents. La mansuétude ne se dément pas, elle est constante; elle a quelque chose de paternel, comme il convient à un maître qui parle. Il ne faudrait cependant pas s'y tromper et y voir une preuve de banalité ou d'indifférence; sous la forme toujours courtoise, volontairement adoucie par la crainte de blesser, l'opinion reste entière; elle apparaît entre les lignes, se montre assez pour se faire reconnaître et laisser intacte l'impartialité du critique, qui n'hésite pas à blâmer lorsqu'il croit devoir le faire, mais avec tant de délicatesse, tant de prudence habile et de si touchantes précautions, que ses restrictions n'en sont que plus éloquentes. Il connaissait, de longue expérience, le *genus irritabile vatum*, et il le traitait, par intelligence autant que par bonté, comme un malade à qui toute secousse est douloureuse.

1867! Il me semble que c'est hier, et que je vois encore défiler ce cortège impérial qui maintenant s'est évanoui dans le royaume des ombres! En lisant

le rapport de Théophile Gautier, j'ai cru assister à
une revue funèbre ; à l'appel de bien des noms, l'écho
répond : mort ! La vieille Mob n'a pas chômé de
besogne depuis cette époque ; elle a fait des choix
d'élite, elle n'a respecté personne, ni ceux qui avaient
la gloire, ni ceux qui n'avaient que l'espérance,
personne, pas même le poète qui avait accepté de
parler des poètes de son temps. Passons ! sans
oublier, sans récuser les regrets, mais passons ! ce
n'est pas un *de profundis* qu'il convient de psalmo-
dier ici.

Pour apprécier le mérite des œuvres qui ont paru
pendant quinze ans, nées de tendances diverses et
de tempéraments souvent opposés, Théophile Gautier
ne fait appel à aucune esthétique, à aucune théorie ;
il laisse de côté toute idée préconçue, rejette ce qui
serait *a priori* et reste abstrait, c'est-à-dire dégagé
de toute influence d'école ; il est toujours romantique,
mais il juge la poésie d'après le poète, s'en pénètre,
l'explique et lui assigne son caractère particulier.
En un mot, et pour me servir d'une expression de
l'argot des coulisses de théâtre, il entre dans la peau
du bonhomme. Il fait pour ses contemporains ce
qu'il a fait pour ses grotesques, il se garde de les
affubler de ses idées et les respecte jusque dans ce
qui lui semble des erreurs. Si parfois il pèche un
peu par indulgence, c'est en faveur de quelque compagnon de sa jeunesse, d'un combattant des luttes
oubliées, auquel il accorde un éloge qui n'est qu'un
souvenir du « bon temps ». Sainte-Beuve, dont l'in-

fériorité, en tant que poète, est peu contestable, a profité de cet attendrissement naturel entre anciens amis qui se retrouvent après une longue absence. Si Théophile Gautier a répandu quelques fleurs de trop sur la tombe où dorment les *Poésies de Joseph Delorme*, les *Consolations*, les *Pensées d'août*, il ne faut pas l'en blâmer, car elles étaient dues à l'auteur des *Portraits littéraires*, des *Causeries du Lundi* et à l'historien de *Port-Royal*.

C'est à André Chénier que Théophile Gautier fait remonter le point de départ de la poésie moderne en France. Sans discuter cette opinion qui pourrait être sujette à controverse, il est certain que les œuvres posthumes de celui qui a dit :

Sur des pensers nouveaux faisons des vers antiques,

eurent un retentissement considérable lorsque en 1819 elles furent publiées par H. de la Touche : « Toute la fausse poésie se décolora et tomba en poussière. L'ombre se fit rapidement sur des noms rayonnants naguère et les yeux se tournèrent vers l'aurore qui se levait. De Vigny faisait paraître les *Poèmes antiques et modernes*; Lamartine, les *Méditations*; Victor Hugo, les *Odes et Ballades*, et bientôt venaient se joindre au groupe Sainte-Beuve avec les *Poésies de Joseph Delorme*, Alfred de Musset avec les *Contes d'Espagne et d'Italie*. » J'ai cité ce passage parce qu'il est explicite et renferme tout le système de Gautier sur la rénovation de la poésie française.

Je me permettrai néanmoins une seule observation :
Lamartine a composé *le Lac* en 1817, à Aix-les-Bains,
deux années avant la mise au jour du volume con-
tenant les vers d'André Chénier, par conséquent en
dehors de toute l'influence qu'ils auraient pu exercer
sur son inspiration et sur son talent.

Après un rapide coup d'œil jeté sur les origines
de la poésie dont la floraison s'épanouit après la
convulsion de février 1848, Théophile Gautier aborde
l'époque spéciale où il doit se limiter, et cite, avec
juste appréciation, les auteurs qui l'ont honorée.
Constatant leur mérite individuel, il en fait remonter
la source aux grands fleuves dont leurs ascendants
du romantisme ont fécondé les champs épuisés où la
poésie française ne trouvait plus à récolter que des
fruits sans saveur et des fleurs sans parfum. Ce
n'est pas un reproche qu'il leur adresse, car, dit-il,
« l'originalité n'est que la note personnelle ajoutée
au fonds commun préparé par les contemporains ou
les prédécesseurs immédiats ». Ces poëtes, presque
tous de la génération à laquelle j'appartiens et qui
étaient encore dans la première jeunesse, au moment
où la monarchie de Juillet s'écroula, ces derniers
venus de l'école de 1830 déjà tenue en échec par
l'école dite du bon sens, ces adorateurs de la Muse
moderne qui ne juraient que par Hugo, par Byron,
par Goethe, par Alfred de Musset, je les ai connus
pour la plupart, aimés, admirés, lorsqu'ils débutaient
dans la vie, pleins d'illusions et brillants d'espoirs
qui n'ont pas toujours été réalisés. Plus d'un s'en

est allé avant d'avoir donné ce qu'il avait promis, d'autres se cachent derrière les plis d'un voile qui ressemble à un linceul; au-dessus de quelques-uns je vois encore l'auréole dont ils étaient environnés aux premiers jours de leur renommée. Le trait dont Gautier les marque fait saillir leur effigie et dégage, avec une rare sagacité, le caractère propre de leur talent. Je les reconnais; ils sont bien tels que je les ai vus jadis : voilà Théodore de Banville, dont « les idées, comme les princesses des féeries, se promènent dans des prairies d'émeraude, avec des robes couleur du temps, couleur du [soleil et couleur de la lune »; voilà le marquis de Belloy, de forme élégante, mais quelque peu nuageuse, comme si sa pensée s'amincissait sous le tissu des mots choisis; et son frère de lettres, le comte de Gramont, qui dans ses *Chants du passé* allie la tenue correcte du gentilhomme à la hauteur des convictions inébranlées; et Pierre Dupont, dont les couplets furent célèbres lorsqu'il chantait *les Bœufs* et dont les refrains furent insupportables lorsque les voix avinées braillaient : *Les peuples sont pour nous des frères.* Il fut applaudi, il fut illustre, il put se croire, comme on le lui disait, « le Béranger de son temps »; hélas!

Je n'ai fait que passer, il n'était déjà plus.

« L'ombre, dit Théophile Gautier, descendit sur le front où la popularité semblait avoir posé un laurier éternel. »

En parlant de Leconte de Lisle et en louant, ainsi qu'il convient, ces vers coulés dans le plus pur métal, en le considérant « comme une des plus fortes individualités poétiques qui se soient produites dans cette dernière période », il approuve ceux qui s'ingénient à l'imiter, « car, dit-il, celui qui n'a pas été disciple ne sera jamais maître et, quoi qu'on en puisse dire, la poésie est un art qui s'apprend, qui a ses méthodes, ses formules, ses arcanes, son contrepoint et son travail harmonique ». C'est, en d'autres termes, l'opinion que Gautier a souvent exprimée en ma présence : « Quiconque n'a pas commencé par imiter ne sera jamais original. » Cette opinion absolument sincère, émise par un homme dont l'originalité n'est pas discutable, m'a toujours étonné.

Les *Poèmes antiques* de Leconte de Lisle appellent, par une transition naturelle, la pensée de Théophile Gautier sur *Melænis*, poème dont le sujet est emprunté à la Rome des Césars et qui est digne des éloges qu'il lui décerne. Louis Bouilhet fut un poète, en effet, un poète dans la forte acception du mot, à ce point que la prose lui répugnait et que le vers était pour lui une sorte de contrainte à laquelle il ne pouvait se soustraire. Toute sa vie, il fut tiraillé entre deux penchants qui se contredisaient en lui et que jamais il ne parvint à mettre d'accord. Son goût, je dirai même sa passion, l'entraînait vers l'école romantique et l'y maintenait, tandis que son instruction était essentiellement classique. J'ai été inti-

mement lié avec lui et bien souvent je fus témoin
du combat que les deux Muses adverses se livraient
dans son esprit. C'est l'humaniste le plus fort que
j'aie connu ; je ne fais même pas exception de ceux qui
apprennent pour enseigner. Les belles-lettres grec-
ques et latines ne lui avaient rien caché de leur
grandeur ; il les comprenait avec une intelligence
que je n'ai jamais rencontrée à un degré si profond.
C'est toujours vers Homère, vers Aristophane, vers
Plaute, vers Horace, qu'il était ramené par ses aptitudes, et lorsqu'il se mettait au travail, — poème,
poésies détachées, pièces de théâtre,— c'est toujours
vers l'imitation d'Hugo qu'il se sentait attiré. Parfois
il en est résulté quelque dissonance que la beauté
du vers et l'ampleur des images font promptement
oublier. Il a fait un chef-d'œuvre, *Melænis*, qui date
de sa vingt-sixième année et qui seul suffirait à glorifier sa mémoire. Malheureusement le poème est
écrit « dans cette stance de six vers à rime triplée
qu'a employée souvent l'auteur de *Namouna*, et nous
le regrettons, dit Gautier, car cette ressemblance
purement métrique a fait supposer chez Bouilhet
l'imitation volontaire ou involontaire d'Alfred de
Musset, et jamais poètes ne se ressemblèrent moins.
La manière de Bouilhet est robuste et imagée, pitto-
resque, amoureuse de couleur locale ; elle abonde en
vers pleins, drus, spacieux, soufflés d'un seul jet. »
Louis Bouilhet est mort à l'âge de quarante-sept
ans, à l'heure où la maturité de son talent et le
repos de son existence le conviaient à des œuvres

nouvelles; il est parti comme une étoile qui disparaît avant d'avoir épanoui tous ses rayons.

C'est ainsi que tous les poètes défilent devant nous, l'un après l'autre, plutôt selon la fantaisie de l'écrivain que par ordre chronologique, tous désignés par leur œuvre maîtresse et marqués d'un mot juste qui a la valeur d'un signalement : les satiriques, comme Amédée Pommier, qui fut un versificateur singulièrement vigoureux; les macabres, comme Baudelaire, qui anticipe sur le pessimisme à la mode aujourd'hui et qui forge d'admirables vers pour célébrer les laideurs morales de l'humanité; les précieux, comme Joséphin Soulary, qui sculpte ses sonnets dans la transparence des sardoines; les nostalgiques, comme Lacaussade, qui regrette le pays créole où s'est écoulée son enfance, et tant d'autres qui ont essayé d'oublier les choses de la terre en écoutant, en répétant les voix d'en haut. Il n'oublie personne, pas même l'auteur des *Chants modernes*, à qui sa bienveillance et son amitié donnent, avec douceur, une leçon méritée.

Au cours de cette rapide histoire de la poésie moderne, la justesse de son esprit se double de perspicacité : il devient prophète. Que l'on n'oublie pas que ce qui suit a été écrit en 1867, c'est-à-dire il y a vingt-trois ans: « Quoique Sully Prudhomme, dit-il, restreigne habituellement ses sujets en des cadres assez étroits, son pinceau est assez large pour entreprendre de grandes fresques. Les *Étables d'Augias*, qu'on peut lire dans le *Parnasse contemporain*, sont faites avec la certitude de trait, la simplicité de ton et l'ampleur de style d'une peinture murale. Ce poème pourrait s'appliquer parmi les autres travaux d'Hercule sur la *cella* ou le *pronaos* d'un temple grec. S'il persiste encore quelques années et n'abandonne pas, pour la prose ou toute autre occupation fructueuse, un art que délaisse l'attention publique, Sully Prudhomme nous semble destiné à prendre le premier rang parmi ces poètes de la dernière heure, et son salaire lui sera compté comme s'il s'était mis à l'œuvre dès l'aurore [1]. »

Parvenu presque à la fin de ce *Rapport sur les progrès de la poésie française*, le lecteur est saisi d'inquiétude; il se demande si, de parti pris, certaines œuvres parues depuis 1848 vont être passées sous silence, et si l'un des plus grands noms modernes ne sera pas prononcé. L'inquiétude est légitime : nous sommes en 1867; l'Empire, il est vrai, s'est déjà modifié par l'usure de ses propres rouages; à défaut de liberté on a la tolérance; l'administration est moins brutale, la justice est plus indulgente; mais Napoléon III est sur le trône; en ses entours on n'a pas oublié *les Châtiments* et on se souvient de *Napoléon le Petit*. Dans le monde officiel on sourit dédaigneusement en parlant de Victor Hugo et l'on dit : Ce n'est qu'un poète de décadence; dans le monde de « la cour » on baisse les yeux avec pudeur lorsque l'on entend prononcer son nom.

---

1. *Histoire du romantisme*, *loc. cit.*, p. 366, 367.

Le citer est de mauvais ton, en faire l'éloge peut
paraître périlleux, tout au moins malséant. Or
Théophile Gautier, chargé d'un travail par le ministère de l'Instruction publique, était, en quelque
sorte, un délégué du gouvernement, tenu de ménager
certaines susceptibilités et d'épouser des querelles
souveraines. Par prudence peut-être, ou seulement
par convenance, va-t-il donc oublier son vieux maître
littéraire et sacrifier l'exil au trône? Que l'on se rassure : Théophile Gautier était incapable d'une telle
félonie; tout se serait révolté en lui : sa foi romantique, sa loyauté, son caractère, dût la perspective
d'un poste officiel être le prix — les trente deniers
— de son abjuration.

« Nous nous sommes attaché dans cette étude aux
figures nouvelles, dit-il, et nous leur avons donné
une place importante, car c'était celles-là qu'il s'agissait avant tout de faire connaître. Mais pendant cet
espace de temps les maîtres n'ont pas gardé le silence.
Victor Hugo a fait paraître les *Contemplations*, la
Légende des siècles, les *Chansons des rues et des
bois*, trois recueils de haute signification. » Ceci
n'est qu'une entrée en matière, et Gautier parle du
poète, comme jamais courtisan n'a parlé d'un potentat
portant couronne en tête et manteau d'hermine à
l'épaule. Nulle flagornerie cependant, mais l'expression d'une admiration qui ne se peut contenir. La
Légende des siècles lui arrache des cris d'enthousiasme et jamais hommage rendu au génie ne fut
plus justifié. Ces deux volumes ont remué, jusqu'aux

fibres les plus profondes, le cœur de ceux qui aiment la poésie.

Dans l'œuvre de Victor Hugo, ils représentent une œuvre excessive où les défauts même deviennent des qualités, où le manque de mesure donne à l'ensemble une force cyclopéenne, où les mots semblent acquérir tout à coup des significations plus précises, plus hautes, plus grandioses, tant ils sont employés avec art et jetés avec puissance. Ce livre est sans précédent; néanmoins on peut en retrouver l'embryon dans *les Burgraves*, qui eussent été un admirable poème, s'ils n'avaient été un drame mal conçu où l'action disparaît sous les discours. Pour ma part, je ne sais rien de plus beau, dans la poésie française, que ces « petits poèmes épiques, mais concentrés, rapides, réunissant en un bref espace le dessin, la couleur et le caractère d'un siècle ou d'un pays ».

Là, Victor Hugo a inauguré une nouvelle manière, plus large, plus humaine que celle des *Orientales* et des *Feuilles d'automne*. Il n'est pas, comme Dante, revenu de l'Enfer, mais il a parcouru les catacombes des religions et de l'histoire, il y a découvert les trésors cachés, les a étalés au jour et a fait à la France littéraire le plus beau cadeau qu'elle ait jamais reçu. Tout cela Gautier le dit en termes excellents. Quelque admirative qu'elle soit, la note est juste, car la louange peut à peine s'élever à la hauteur de l'œuvre qu'il s'agit de signaler. Aussi ne suis-je pas étonné qu'après avoir brièvement

expliqué le sujet de *la Trompette du jugement dernier*, Gautier ait écrit : « Il semble que le poète, dans
cette région où il n'y a plus ni contour, ni couleur,
ni ombre, ni lumière, ni temps, ni limite, ait entendu
et noté le chuchotement mystérieux de l'infini [1]. »

Théophile Gautier termine son *Rapport* en disant :
« Quelle conclusion tirer de ce long travail sur la
poésie? Nous sommes embarrassé de le dire. Parmi
tous ces poètes dont nous avons analysé les œuvres,
lequel inscrira son nom dans la phrase glorieuse et
consacrée : Lamartine, Victor Hugo, Alfred de
Musset ? Le temps seul peut répondre. » Le temps n'a
pas encore répondu et le jugement de la postérité n'a
pas été rendu. Quant aux trois poètes compris « dans
la phrase glorieuse et consacrée », leur renommée
demeure également grande : aussi bien avaient-ils
une part semblable de génie. Le don naturel de
Lamartine est égal à la magnificence d'Hugo qui ne
le cède pas à l'humaine sincérité de Musset.

Les Grotesques et le *Rapport sur les progrès de la
poésie* sont, en matière de critique, les deux œuvres

---

1. Dans ce même Rapport Théophile Gautier a écrit : « On
a remarqué que Victor Hugo, le grand forgeur de mètres,
l'homme à qui toutes les formes, toutes les coupes, tous les
rythmes sont familiers, n'a jamais fait de sonnets; Goethe
s'abstint aussi de cette forme pendant longtemps, ces deux
aigles ne voulant sans doute pas s'emprisonner dans cette
cage étroite. Cependant Goethe céda, et tardivement il composa
un sonnet qui fut un événement dans l'Allemagne littéraire. »
Depuis lors, Victor Hugo a imité Goethe; lui aussi il a fait
un sonnet — un seul — et il l'a dédié à Judith Gautier, qui
est, nul ne l'ignore, la fille de Théo.

principales de Gautier, celles qu'il a faites avec recueillement, sans être harcelé par le temps qui presse, par
le prote qui réclame « la copie », par les nécessités
de « la mise en pages ». Cette besogne de sisyphe, qui
a morcelé et empoisonné sa vie, a produit un nombre
énorme de feuilletons, que M. Spoelberch de Lovenjoul a relevés, dans son ouvrage, avec un soin religieux. Ce n'est pas sans tristesse que l'on peut constater sur combien de sujets indignes de lui Théophile
Gautier a été obligé de répandre son talent. Certes il
a rencontré au théâtre et aux expositions des beaux-
arts plus d'une bonne fortune dont son intelligence
a profité; mais, en échange, que de pauvretés, de
niaiseries, de balourdises se sont imposées à lui et
lui ont volé les heures que la poésie réclamait! Aussi
avait-il fini par prendre son travail en haine et ne se
décidait-il à s'y mettre qu'à la dernière minute, semblable à un malade qui recule l'instant de l'opéra-
tion.

Jamais pourtant dans ces articles, arrachés avec
un si douloureux effort à son ennui, il ne s'est montré ni maussade ni irrité. Il accomplissait sa tâche
avec bienveillance, comme un bon ouvrier, comme un
maître ès lettres qu'il était. Sa critique était toujours
courtoise et son respect pour le public était irréprochable, respect pour le public et respect pour lui-
même, pour la langue qu'il devait parler, pour le
savoir-vivre dont jamais, plume en main, il ne s'est
départi.

Il n'échappa à aucun des désagréments, pour ne

dire plus, qui assaillent le critique, l'homme infortuné, toujours tiraillé, toujours assiégé, qui distribue la réputation, a ses entrées dans la direction de tous les théâtres, peut par ses éloges faire vendre une œuvre d'art et n'a, pour cela, qu'un coup de plume, un simple coup de plume à donner. Si je pouvais faire passer sous les yeux du public les liasses de lettres que j'ai eues entre les mains, on verrait que jamais favori de reine ou ministre tout-puissant ne fut plus harcelé de sollicitations que ce malheureux Gautier. Il n'est pas un peintre, un sculpteur, un acteur, un vaudevilliste, un acrobate, un dresseur de chevaux savants qui ne lui écrive pour réclamer son appui. On l'appelle : cher et illustre maître ou simplement : cher monsieur Gauthier, avec l'h irritante ajoutée à ce nom si célèbre. On lui demande de venir à l'atelier voir le tableau ou la statue destinée au prochain Salon; les refusés veulent que l'on prenne les dieux et les hommes à témoin de l'injustice dont ils sont victimes. Les plus hautains, ceux qui font métier d'indépendance, qui plus tard jetteront bas les trophées de notre histoire, s'inclinent aussi bas, plus bas que les autres. Courbet lui écrit : « Si je fais de l'art, c'est d'abord pour tâcher d'en vivre, ensuite c'est pour mériter la critique de quelques hommes tels que vous, qui jouiront d'autant mieux de mes progrès qu'ils auront apporté plus de sollicitude à me guérir de mes travers. » Il se plaint d'être mal placé au Salon et voudrait que son tableau « tombât plus à portée de l'Œil nud »; il serait heureux si

Gautier voulait bien le recevoir et l'honorer de quelques avis. Tous ceux dont on peut prononcer le nom,
à quelque titre que ce soit, l'adjurent de ne pas leur
refuser « deux ou trois lignes, pas plus »; tous les
gens qui désirent aller au théâtre sans bourse délier,
— ce qui est la manie des personnes riches, — lui
demandent des billets de spectacle : « Ça vous est si
facile ».

Et l'acteur, celui qu'il a défini dans son étude des
Grotesques sur Scudéry : « l'homme qui n'exprime
que des pensées étrangères aux siennes, qui vit de
l'amour et de la passion qu'on lui fait, qui n'a pas un
soupir qui ne soit noté d'avance, pas un mouvement
qui ne soit artificiel », n'est pas moins âpre à la
« réclame » : cela doit se dire ainsi. La louange, si
outrée qu'elle soit, peut-elle le satisfaire et corres-
pondre à l'opinion qu'il a de lui-même? Jamais. A cet
égard, j'ai trouvé, dans les débris de correspondance
que Gautier a laissés après lui, un témoignage qui a
de la valeur et qui démontre jusqu'où peut aller
l'exigence de certaines illusions. A la suite d'une
reprise de *Robert Macaire*, Théophile Gautier avait
fait un rendu compte succinct dans lequel il parlait
de Frédérick Lemaître avec éloges, mais sans cependant le comparer aux héros de Plutarque; un écrivain, plus jeune que lui, mais qui le traitait un peu
trop en camarade, sans tenir compte de la différence
d'âge et de talent, lui adressa une lettre dont certaines
parties doivent être citées textuellement : « Mon cher
ami, j'ai vu hier Frédérick Lemaître qui est très affecté

de la manière dont la critique a pris *Robert Macaire*. Ton article particulièrement l'a touché. Tu n'en as dit que quelques mots en passant. Je suis trop sincèrement ton ami pour ne pas t'en vouloir. Quand un acteur de génie crée un rôle comme Frédérick a créé celui-là, quand il prodigue, en un soir, plus de bouffonnerie qu'il n'y en a dans Callot, plus de fantaisie qu'il n'y en a dans Hoffmann, plus d'ironie qu'il n'y en a dans Byron, quand il vaut Molière, quand il résume dans un éclat de rire colossal toute la douloureuse moquerie d'un siècle, cela vaut mieux que cinq ou six lignes froides, et il est permis aux crétins de rester indifférents, mais non à ceux qui, comme toi, représentent l'art et sont chargés de le défendre et de le glorifier. C'est à nous, poètes, de soutenir les grandes choses et de consoler le génie que tant d'envie abreuve. Je te dis très sincèrement que tu as manqué à ce devoir. » Quoi, Callot, Hoffmann, Byron, Molière, à propos de *Robert Macaire* joué par Frédérick Lemaître! Pourquoi pas Homère, Eschyle, Aristophane? Nulle bonne volonté, si indulgente qu'elle soit, n'est à la hauteur de telles prétentions. Je ne sais si Gautier a riposté; j'en doute, car sur de semblables matières il y avait longtemps que rien ne l'étonnait plus, mais j'imagine que son ironie a dû sourire.

Cette ingrate besogne était-elle du moins convenablement rémunérée et lui accordait-elle une existence dénuée de soucis? A cette question nous pouvons, grâce à M. Spoelberch de Lovenjoul, répondre

d'une façon précise : de 1836 à 1851, c'est-à-
dire en l'espace de quinze années, le relevé des
sommes reçues au journal *la Presse* par Théophile
Gautier accuse un total de 100 336 francs et quelques centimes : soit, en moyenne, 6500 francs par
an [1]; ce qui n'a rien que de modeste. On pourrait
croire qu'en revanche les procédés étaient irrépro-
chables, que l'on comprenait l'avantage d'avoir un
tel nom au bas des feuilletons du lundi et que l'on
savait gré au poète de négliger la poésie pour écrire
des articles de critique; on se tromperait. Un incident, qui fut très pénible à Gautier, prouvera comment celui que, non sans raillerie, il appelait « son
maître », c'est-à-dire Émile de Girardin, comprenait le respect dû à l'indépendance et au talent des
écrivains auxquels le journal qu'il dirigeait devait
le succès. Le 1er février 1847, Gautier, après avoir
rendu compte de pièces jouées à la Comédie-Française, au Vaudeville, au Cirque Olympique, au théâtre
des Variétés, terminait son feuilleton hebdomadaire
en disant : « Cette année commence mal. Ce ne
sont de tous côtés que nouvelles funèbres. Voilà
Chaudesaigues, un poète devenu critique, faute de
pain, comme nous tous, qui tombe, l'autre jour,
sur la première page de son feuilleton, et là-bas,
sous ce beau soleil d'Alger, s'éteint à l'hôpital du
Dey, Benjamin Roubaud, le peintre avec qui nous

---

1. Voir Spoelberch de Lovenjoul. *loc. cit.*, introduction,
xxviii et suiv.

avons fait la campagne de Kabylie et qui nous a
suivi pendant tout notre voyage, frissonnant déjà
de la maladie qui l'a emporté! »

Cette phrase, fort innocente en elle-même, et qui
signifiait simplement que si Chaudesaigues n'avait
eu pour vivre que le prix dont les éditeurs auraient
payé ses vers, il eût risqué de mourir de faim, cette
phrase ne plut pas au directeur de *la Presse*. A la
Chambre même des Députés dont il faisait partie,
pendant la séance, « en toute hâte, entre deux discours, l'un de M. Roger, l'autre de M. Billault », il
prit sa bonne plume, qui pour être infatigable n'en
était pas meilleure, et il tança Gautier. La réponse
du publiciste au poète n'eut rien de mystérieux, elle
fut sans discrétion ni courtoisie, comme celui qui
l'avait écrite, et chacun put la lire dans *la Presse*
du 2 février 1847. Après s'être étonné que Théophile Gautier n'eût point « été préservé de l'écueil
du lieu commun par la tendance au paradoxe qui
lui est naturelle », Émile de Girardin proclame
cette vérité : « Qui ne voit que le but et ne regarde
pas le point de départ compte pour rien la distance
placée entre les deux extrémités; c'est l'erreur dans
laquelle tombent les envieux. » S'il y eut au monde
un homme qui jamais ne connut l'envie, c'est Gautier, c'est le bon, c'est le bienveillant Théo, je le dis
en passant, et Girardin ne le pouvait ignorer.

Celui-ci continue à morigéner; il cite le soldat
Jean de Dieu Soult élevé à la dignité de maréchal
de France et de duc de Dalmatie; il montre l'ouvrier

Cunin-Gridaine devenu ministre, sans réfléchir que ces deux personnages n'avaient fait que leur métier, tandis que Théophile Gautier se plaignait de ne pouvoir faire le sien. Le maître de *la Presse* argumente à sa façon, et pour démontrer qu'un poète peut vivre de la poésie, il énumère les ouvrages en prose qui ont aidé à la fortune des écrivains. Est-ce que le feuilleton de Gautier lui-même ne lui apporte pas la part la plus sérieuse de ses revenus? Certes, et le pauvre Gautier ne l'a jamais nié; mais si tous les lundis il remplaçait la prose de sa critique dramatique par une pièce de vers, Émile de Girardin se priverait, sans hésiter, d'une collaboration si prompte à la rime et prouverait de la sorte que l'opinion émise à propos de Chaudesaigues était moins paradoxale qu'il n'a bien voulu le croire. — En tous cas, cette leçon — pour ne dire cette correction — administrée publiquement à un homme de la réputation de Théophile Gautier était une inconvenance cruelle que l'on aurait dû lui épargner.

Il la ressentit vivement; il me parla de Girardin avec une extrême amertume et le qualifia d'un mot que je ne répéterai pas. Il me disait : « Je n'ai pour toute réponse qu'à donner ma démission de rédacteur de *la Presse*, mais je ne le peux pas; je subis l'outrage, et cela seul affirme que j'ai eu raison de dire que, faute de pain, le poète en est réduit à des travaux qui lui sont antipathiques; non, je ne peux pas jeter mon feuilleton au nez de Girardin, car je

n'ai que cela pour vivre et d'autres en vivent auprès
de moi. » En ceci rien d'exagéré; comme Scarron,
plus justement que Scarron, Gautier pouvait dire :
« J'ai toujours logé à l'hôtellerie de l'impécunio-
sité. » Il n'était pas seul dans son existence et la
famille se pressait autour de lui. Il supportait des
charges à la fois lourdes et lancinantes que bien
d'autres eussent répudiées, qu'il avait acceptées
sans faiblir et qu'il ne renia jamais : que ceci soit
dit à son perpétuel honneur. Le devoir consiste
à subir les conséquences de sa propre vie et non
point à s'y soustraire. Sous ce rapport, Gautier,
dont on a souvent raillé l'immoralité — j'entends
celle du propos trop vif et de la comparaison trop
hardie, — a fait preuve d'une moralité supérieure;
il est resté solidaire à lui-même et n'a jamais abandonné ceux qui avaient quelque droit de compter
sur lui.

Longtemps après que Girardin avait commis cet
acte de mauvais goût, vers 1862 ou 1863, je me rencontrai avec lui dans une ville d'eaux; un soir que
nous étions assis côte à côte et que nous causions
sans témoins, je lui demandai pourquoi, en cette
circonstance, il s'était montré si agressif et si dur.
Il me regarda avec cet air impertinent et gouailleur
qui lui était familier : « Gautier, me dit-il, est un
imbécile qui ne comprend rien au journalisme; je
lui avais mis une fortune entre les mains; son feuilleton aurait dû lui rapporter trente ou quarante
mille francs par an, il n'a jamais su lui faire produire

un sou. Il n'y a pas un directeur de théâtre qui
ne lui eût fait des rentes, à la condition de l'avoir
pour porte-voix. Actuellement et depuis qu'il a
quitté *la Presse*, il est au *Moniteur universel*, c'est-
à-dire au journal officiel de l'Empire ; il n'en tire
aucun parti ; je vous le répète, c'est un imbécile qui
n'a jamais profité d'une bonne occasion. » Sachant,
par expérience, que l'on juge volontiers les autres
d'après soi-même, je ne fus pas étonné de l'opinion
de Girardin, mais je changeai de conversation. De
ce que venait de me dire le grand maître — sans
préjugé — du journalisme de son temps, il convient
de retenir ceci : Théophile Gautier avait en main
une plume qui eût valu de l'or, et il a toujours été
pauvre.

CHAPITRE III

LE VOYAGEUR

Attaché à la glèbe du journal, pouvant à peine
s'éloigner de Paris où il était retenu par l'obligation
d'assister aux représentations dramatiques dont il
avait à rendre compte, Théophile Gautier, semblable à un prisonnier qui contemple la campagne
à travers les barreaux de ses fenêtres, regardait
idéalement par-dessus les frontières et rêvait de
s'en aller vers des pays qu'il ne connaissait pas. Il
n'avait jamais voyagé, car je ne compte pas une excursion en Belgique faite en compagnie de Gérard de
Nerval. Dans ses œuvres de première jeunesse, il
ne ménage pas les allusions à sa vie sédentaire; on
en peut conclure qu'elle lui pèse et qu'il saisirait
avec empressement le bâton blanc des poètes pèle-
rins. Il sentait peut-être instinctivement que les
impressions recueillies sous des cieux étrangers
seraient un complément fécond à son éducation littéraire déjà si riche; il avait, pour ainsi dire, épuisé

la civilisation au milieu de laquelle il se mouvait.
Mentalement il en cherchait d'autres, celles surtout
que le passé semblait avoir frappées d'un sceau
indélébile ; il eût voulu parcourir des pays où les
traces de l'histoire fussent restées apparentes dans
les mœurs. Comme ceux qui sont tourmentés par le
besoin des migrations, il se figurait les contrées
auxquelles il aspirait, plus belles, plus étranges
qu'elles ne le sont. Il les voyait à travers les songes
évoqués par la poésie. Ainsi qu'Alfred de Musset, il
pensait à Madrid, princesse des Espagnes ; de jolis
vers mis en musique par Hippolyte Monpou lui
promettaient des marquises « pâles comme un beau
soir d'automne », et *les Orientales*, s'inspirant du
Romancero, lui parlaient

> Du fils de la renégate
> Qui commande une frégate
> Du roi maure Aliatar.

L'Espagne et l'Italie ayant fourni le cadre de presque tous les drames romantiques récemment éclos,
c'est du côté de l'Italie et de l'Espagne que se tour-
naient les yeux. La ferveur littéraire tenait lieu de
foi ; l'histoire était arrangée Dieu sait comme, mais
on croyait à cette histoire, si dénaturée qu'elle fût,
du moment qu'elle portait le costume moyen âge et
qu'elle récitait quelques tirades sur les planches
d'un théâtre « dans le mouvement ». On ne doutait
ni de la galerie de portraits de Ruy Gomez, ni des
narcotiques de la Thisbé, ni des meurtres, ni des

incestes, ni de l'emphase, ni des anachronismes, ni
des cacophonies; on ne doutait de rien, pas même
des petits soupers de Lucrèce Borgia. Les fantaisies
les plus singulières des dramaturges, justifiées par
la tradition des tolérances admises pour les œuvres
destinées à la scène, étaient acceptées sans protestation par le public, qui trouvait tout simple que la
femme d'Alphonse d'Este fît tuer un mari tous les
soirs et quelques amants tous les matins. Je n'ai pas
à dire que Théophile Gautier riait dans sa moustache
de ces exagérations furibondes, mais il n'en subissait pas moins un attrait irrésistible vers les pays
qui servaient de décors à toutes ces « machines »,
fabriquées d'invraisemblances, d'oripeaux, de faux
sentiments et dont il ne subsistera bientôt que le
souvenir, — s'il subsiste.

Un hasard permit à Gautier de faire enfin ce voyage
d'Espagne dont le désir l'obsédait. Il était lié, depuis
plusieurs années déjà, avec Eugène Piot, qui possédait pour tout ce qui concerne « les objets d'art et
de curiosité », ainsi que disent les catalogues de
l'hôtel des ventes, une instruction précise dont la
sûreté n'était jamais en défaut. Il pouvait ignorer
que Pandolfo Malatesta fit assassiner le comte Ghiaz-
zolo dans le château de Roncofreddo, mais il connaissait certainement le nom de son armurier, la forme
de son épée et la devise qu'il avait fait graver sur la
lame. Dans diverses circonstances il a donné preuve
d'un savoir spécial dont on est resté surpris. Grand
amateur de « curiosités », les achetant bien, les ven-

dant mieux, Eugène Piot s'était dit que l'Espagne
appauvrie, ravagée par une récente guerre civile,
devait recéler bien des objets de haut goût — armes,
tapisseries, tableaux — qu'il serait facile d'acquérir
à bon compte. S'il était sûr de lui pour tout ce qui
était armure, ameublement, poteries rares, ivoires
et bijoux précieux, il était — à cette époque, du
moins — parfois hésitant en présence d'un tableau
de l'école espagnole, mal représentée alors en France
par les maîtres secondaires, malgré les galeries du
maréchal Soult et du marquis de las Marismas. Il
pensa qu'il lui serait utile d'avoir pour compagnon
de route un homme rompu aux difficultés de la peinture, capable de discerner la manière de faire de
Zurbaran de celle de fra Diego de Leyva, et il pro-
posa à Théophile Gautier de venir parcourir avec
lui le pays de Murillo, de Velasquez et de Ribeira.
Gautier accepta; il se fit remplacer à *la Presse*, et
partit avec l'énergie joyeuse d'un écolier qui sort de
son lycée pour entrer en vacances.

Je dirai tout de suite que le but principal, entrevu
par Eugène Piot, ne fut pas atteint; « les tableaux
que l'on pourrait acheter sont d'horribles croûtes,
dont la meilleure ne se vendrait pas quinze francs
chez un marchand de bric à brac »; à Tolède, où l'on
comptait « trouver quelques vieilles armes, dagues,
poignards, colichemardes, espadons, rapières,... à
Tolède il n'y a pas plus d'épées que de cuir à Cordoue ». Sous ce rapport, la déception fut complète.
L'Espagne heureusement leur réservait des compen-

sations qui consolèrent insuffisamment Eugène Piot
de sa déconvenue, mais qui laissèrent à Gautier
d'inaltérables souvenirs. Malgré les voyages qu'il fit
plus tard, celui qui lui donne les impressions les
plus profondes, qui lui reste le plus cher, celui dont
il parla toujours avec prédilection, c'est celui qu'il
commença au mois de mai et termina au mois d'octobre 1840, alors qu'il avait vingt-neuf ans, c'est-à-
dire toute l'ardeur, toute la force de la jeunesse tem-
pérée par la maturité qui s'annonce. Vingt-sept ans
après, lorsque, selon l'expression de Montaigne, il
était déjà « vieil et asséché », il a dit : « Je ne puis
décrire l'enchantement où me jeta cette poétique et
sauvage contrée, rêvée à travers les *Contes d'Espagne et d'Italie* d'Alfred de Musset et les *Orientales*
d'Hugo ; je me sentis là sur mon vrai sol et comme
dans une patrie retrouvée. Depuis, je n'eus pas d'autre idée que de ramasser quelque somme et de partir ; la passion ou la maladie du voyage s'était développée en moi. »

Ce voyage, dont le récit forme actuellement un
volume Charpentier de 375 pages, est peut-être le
livre le plus intéressant de Théophile Gautier, parce
qu'il s'y montre tel qu'il est, sans réserve, avec la
sincérité d'un honnête homme, avec la naïveté d'un
poète qui ne se soucie guère des opinions reçues
et qui dit ce qu'il pense, simplement parce qu'il le
pense, comme un enfant qui se dévoile tout entier en
racontant ses impressions. Nul paradoxe ; la note est
toujours vraie ; si elle choque, c'est qu'elle n'est pas

comprise. Il a une vision de l'Espagne, il la reproduit de son mieux, c'est-à-dire très bien; ceux qui
regarderont le même pays sous un autre angle seront
surpris, mais ne pourront jamais l'accuser d'inexacti-
tude; tout au plus, ils auront à reconnaître que leur
attention n'a pas été appelée par ce qui suscitait son
admiration. Pour me bien faire comprendre, je citerai
un fait qui m'est personnel. Il n'y a pas très longtemps, je causais avec un homme qui habite un de
nos départements du Midi, homme riche, considérable, dirigeant de grandes entreprises et distingué;
je lui parlais d'Arles et d'Avignon, du portail et du
cloître de Saint-Trophime, des Arènes, des Elis-
camps et du château des papes. Il répondit : « Cette
région-là est bien changée depuis que la chimie a
découvert la couleur rouge pour teindre les draps de
troupes. Entre Avignon et Arles on ne cultive plus
la garance; vous ne reconnaîtriez pas le pays. » Les
lecteurs de cette catégorie, qui sont, du reste, les
plus honnêtes gens du monde, n'ont rien dû comprendre au *Voyage en Espagne* : Théophile Gautier
ne parle pas leur langue.

Il est, pour ainsi dire, un voyageur abstrait, et,
comme il ne se dément pas une seule fois au cours
de son récit, on peut affirmer que cette « abstraction »
lui est naturelle. Il reste indifférent à tout ce qui
n'est point le voyage proprement dit, dénué de
toute préoccupation autre que celle de bien regarder,
pour bien voir et bien rendre ce qu'il a vu. Chez lui,
« l'œil du peintre » a une puissance extrême, cet œil

qui sait où se fixer, qui perçoit simultanément l'ensemble et le détail, la ligne et la couleur, qui emma-
gasine l'image contemplée et ne l'oublie jamais.
Parfois il en arrive, par l'intensité même de la sen-
sation éprouvée, à une transposition d'art; le *ut
pictura poesis* a été vrai pour lui, plus peut-être que
pour tout autre. Du reste, il le proclame lui-même. Il
s'excuse d'avoir donné quelques détails historiques
sur la cathédrale de Tolède, presque comme d'une
faute, tout au moins d'un entraînement involontaire,
et il ajoute : « Nous ne sommes pas coutumier du fait,
et nous allons revenir bien vite à notre humble mission de touriste descripteur et de daguerréotype
littéraire. »

Quoique son érudition soit profonde, il ne la laisse
point transparaître; on dirait qu'il redoute de passer
pour un pédant et que la tâche qu'il s'est imposée
consiste simplement à raconter ce qu'il voit. Si, sur
sa route, il rencontre quelque beau coléoptère, il ne
s'inquiétera pas de savoir s'il a trois, quatre ou cinq
articles au tarse, mais il constatera que ses élytres
semblent taillés dans une émeraude; s'il cueille une
fleur, il lui importe peu qu'elle soit monogyne ou
polygyne; mais il dira, comme le Perdican d'Alfred
de Musset : « Je trouve qu'elle sent bon, voilà tout. »
Il écarte avec soin tout ce qui aurait l'air de ressem-
bler à des expressions techniques, et il a raison, car
la généralité des lecteurs ne les comprend pas; c'est
pourquoi il est très sobre d'archéologie, ce qui est
digne d'éloge chez un apôtre de l'école romantique

où les gargouilles, les mâchicoulis, les échauguettes
en queue d'aronde étaient fort à la mode depuis
la publication de *Notre-Dame de Paris*. Il lui suffit
d'un mot pour indiquer un style et une époque; il
passe et ne s'attarde pas à décrire les arcs-dou-
bleaux composés d'un faisceau de tores séparés par
des gorges, ainsi que n'eût pas manqué de le faire
un néophyte ayant un dictionnaire d'architecture à
sa disposition.

Tout ce qui peut distraire son attention et le dé-
tourner du panorama déroulé sous ses yeux, lui est
importun; il est venu pour voir l'Espagne chevale-
resque, l'Espagne du comte Julien, de don Gayféros
du Cid Campeador, de ce pauvre Abou-Abdallah
ibn-Mulei-Haçan que nous appelons Boabdil; c'est
là son but; en vérité, il n'en cherche pas d'autre
L'occasion était belle cependant de parler du prince
Godoy, du roi Joseph, de Ferdinand VII; il ne pro-
nonce même pas leur nom; c'est à peine si, en allant
de Madrid à Grenade, il fait une allusion à la capi-
tulation de Baylen. Quant à la politique dont l'Espa
gne est toute frémissante encore, quant à cette guerre
civile qui vient de désoler la péninsule, inquiète
l'Europe et mettre la diplomatie aux abois, pas un
parole; et cependant Théophile Gautier est un de
premiers voyageurs qui aient osé parcourir ce pay
où les bandes récemment licenciées brigandaient vo
lontiers au long des routes. Lorsque je dis qu'il n'e
souffle mot, je me trompe; il en parle : racontant un
course de taureaux à Malaga, il dit: « Dans les temp

de dissensions politiques, il arrive souvent que les *toreros* christinos ne vont pas au secours des *toreros* carlistes, et réciproquement. » C'est tout.

Laisser de côté la technologie archéologique que « les moyenâgeux » s'efforçaient de parler, dédaigner les théories historico-politiques inspirées par un voyage en pays étranger, c'était, à cette époque, faire acte d'indépendance. Que l'on ne s'y trompe pas, Gautier rompait en visière à l'école et sortait une fois de plus du sanctuaire. Il répudiait l'esprit d'imitation et saisissait sa propre originalité, sans emprunt à autrui, sans réminiscence d'une maîtrise admirée. Il était d'usage alors de gravir la montagne romantique, de s'arrêter sur le sommet et de laisser tomber sur les nations un regard d'ensemble d'où résultait un nouveau discours sur l'histoire universelle. Edgar Quinet, dans son *Ahasvérus* — qui est peut-être l'œuvre la plus lyrique et la plus forte du romantisme — se souvient des drames d'Eschyle et d'Aristophane et, intervenant par un chœur de vieillards, à la fin de la *Seconde Journée*, il trace à la France le rôle qu'elle doit jouer non seulement en Europe, en Orient, mais en Amérique ; il évoque les hommes de Lodi, de Castiglione, de Marengo, « et demain et toujours faites tourner autour de vous la ronde des nations sous l'harmonie de votre ciel ». Victor Hugo termine le *Rhin* par une conclusion qui est un livre à part; rien ne lui échappe ni des choses d'hier ni de celles de demain; il refait l'histoire, un peu à sa guise, par larges envolées; il tire d'énormes conséquences de causes imperceptibles; il fait la leçon aux peuples et leur montre du doigt la route qu'ils ont à suivre; tout poète, dit-on, se double d'un prophète; il déchire les voiles qui couvrent les arcanes de l'avenir; il vaticine; hélas! les destins n'ont point écouté ses paroles.

J'imagine que c'est l'intensité même de l'impression qui a maintenu Gautier dans la ligne étroite, mais féconde, dont il n'est pas sorti. Cette impression n'a été si profonde, si absorbante que parce qu'elle était, pour lui, une révélation de la nature, qu'il ne connaissait que très imparfaitement avant d'avoir abordé les premiers contreforts des Pyrénées. Ceci, je crois, n'a rien d'exagéré, et je m'explique. Enclos dans un mode de vivre relativement restreint, limité aux boulevards, aux théâtres, aux réunions d'amis, aux discussions littéraires, aux dîners en compagnie joyeuse ou refrognée, Gautier n'était, pour ainsi dire, jamais sorti de Paris. Les ormeaux qui abritaient alors les promenades publiques, les marronniers du jardin des Tuileries, les taillis maigrelets du bois de Boulogne et du bois de Vincennes, l'herbe lépreuse des Champs-Élysées, représentaient une nature citadine et laide, déplaisante aux yeux, vieillotte, fanée, sans renouveau ni printemps, bien en rapport du reste avec la ville, qui était, sous le règne de Louis-Philippe, une des plus sales, une des plus tortueuses, une des plus insalubres de ce bas monde. Les Parisiens d'aujourd'hui, qui jouissent des admirables travaux dus au baron

Haussmann et à Ferdinand Duval, ne s'en doutent pas; mais pour se convaincre ils n'ont qu'à lire la succincte description du Paris d'autrefois écrite par Théophile Gautier lui-même, dans la notice nécrologique qu'il a consacrée au romancier le plus populaire de ce temps-là, à Paul de Kock [1].

Emprisonné dans cette existence conventionnelle où les décors de l'Opéra éclairés aux quinquets remplaçaient la placidité des paysages lumineux, n'ayant jamais vu de véritables forêts, de vraies montagnes, de vraies plages, de vraies mers, Gautier, bercé par la permanence de sa rêverie, s'était créé une sorte de nature imaginaire dans laquelle son esprit se complaisait d'autant plus qu'elle était plus invraisemblable; au gré de sa fantaisie, il y faisait mouvoir les personnages de Watteau et de Boucher. Je crois qu'il est remonté plus loin que la régence et le rococo. Volontiers, guidé par Honoré d'Urfé, il a dû suivre la belle Diane de Chateaumorand qui, cachée sous le nom d'Astrée, enchantait le pays qu'arrose le Lignon « C'est un pays charmant que celui-là et que je regrette fort pour ma part. Les arbres y ont les feuillages en chenilles de soie vert-pomme, les herbes y sont en émail et les fleurs en porcelaine de Chine; des nuages en ouate bien cardée flottent mollement sur le taffetas bleu du ciel. » Le bizarre et le recherché n'étaient pas pour lui déplaire; le factice

---

1. *Portraits contemporains*, par Th. Gautier. 1 vol., Charpentier, Paris, 1886, p. 127 et suiv.

l'attirait, car il y voyait le résultat d'un effort ingénieux; il estimait le précieux et ne s'en cachait pas :
« La préciosité, cette belle fleur française qui s'épanouit si bien dans les parterres à compartiments des
jardins de la vieille école, et que Molière a si mécham-
ment foulée aux pieds dans je ne sais plus quelle
immortelle mauvaise petite pièce [1]. »

Ces paysages lilas tendre et rose zinzolin qu'il
apercevait à travers son rêve, qu'il aimait faute de
mieux et qu'il n'avait peut-être imaginés que par
aversion pour les ruelles boueuses que sans cesse
il avait sous les yeux, ces paysages jolis et fardés
jusqu'au ridicule, disparurent, comme un fantôme, au
chant du coq, dès que Gautier, ayant pénétré en
Espagne, se trouva face à face avec la nature, telle
qu'elle est, et non telle que les hommes l'ont abîmée.
La vieille Cybèle se montrait à lui dans toute sa
nudité sereine, dans sa primitive splendeur, dans sa
beauté sacrée : il en fut ébloui.

Il venait de découvrir l'inconnu, un peu comme
La Fontaine avait découvert Baruch; mais pour lui
la découverte n'en était pas moins précieuse, car —
surtout dans la vie littéraire — chaque fois que l'on
acquiert une notion, que l'on détruit une ignorance,
on fait une découverte nouvelle. Le changement
même d'existence n'a pas été sans donner à son
impression une acuité qu'il n'avait pas prévue. Au
lieu de la température lourde, chargée de senteurs

1. *Les Grotesques.* — Cf. Georges de Scudéry.

douteuses, assoupissante des salles de spectacle, au
lieu du travail dans la chambre étroite, de la flânerie
sur les boulevards où l'on est coudoyé par chaque
passant, des repas dans les cafés rances où l'on est
rassasié, dès l'entrée, par l'odeur des viandes
mâchées, au lieu de ces dégoûts, de ces affadisse-
ments qui sont inhérents à toutes les grandes villes,
la vie en plein air, la montagne abrupte, la gorge profonde, le fleuve à demi desséché où verdissent les
herbes folles, le galop des mules bruyantes de grelots,
la belle fille brune qui passe portant sur sa tête un vase
de cuivre, les larges horizons, les couchers de soleil
dorant la neige des cimes dentelées, quelquefois un
palmier qui surgit tout à coup comme une évocation
de l'Orient rêvé, et les souvenirs qui murmurent des
noms légendaires, et les mosquées que le catholicisme
a baptisées après les avoir arrachées à l'islam, et la
jeunesse pour mieux savourer toutes ces jouissances
dont on est pénétré pour la première fois.

Certes les lits de l'auberge sont durs, le vin sent
l'outre en peau de chèvre où il a été contenu, les
mendiants sont arrogants, les pavés sont pénibles
aux pieds, les moustiques sonnent la charge et atta-
quent avec ardeur, les brigands sont peut-être em-
busqués à l'angle du chemin, les cahots sont intolé-
rables dans la voiture mal suspendue, sur la route
ravinée, qu'importe! On est heureux, on est libre,
mieux que libre, libéré, et volontiers on s'écrierait
comme Goethe : « Ohé! ohé! J'ai mis mon bien dans
les voyages et les migrations! Ohé! ohé! »

Ceux qui ne sont pas de véritables voyageurs, c'est-à-dire qui n'ont pas voyagé pour voyager, sans autre intérêt que celui de leur culture intellectuelle, sans autre passion que le besoin de voir, ne me comprendront pas; mais, après quarante-six ans, je ne puis me rappeler sans battement de cœur ma première journée de marche en Asie Mineure, lorsque j'allais de Smyrne à Éphèse et que je m'arrêtais à chaque pas, pour contempler les caravanes, les vols de cigognes, les tortues flottant sur le Mélès et les bois de pins parasols. Ces émotions que le souvenir garde en les embellissant, Théophile Gautier les a ressenties; à certaines heures de sa course en Espagne, il eut des tressaillements et des vibrations qu'il a notés. Malgré le calme qu'il s'efforçait de conserver en toute occurrence, il ne peut s'en tenir. Il ne reste pas maître de son exaltation et il s'écrie : « J'étais réellement enivré de cet air vif et pur; je me sentais si léger, si joyeux et si plein d'enthousiasme, que je poussais des cris et faisais des cabrioles comme un jeune chevreau; j'éprouvais l'envie de me jeter la tête la première dans tous ces charmants précipices si azurés, si vaporeux, si veloutés; j'aurais voulu me faire rouler par les cascades, tremper mes pieds dans toutes les sources, prendre une feuille à chaque pin, me vautrer dans la neige étincelante, me mêler à toute cette nature et me fondre comme un atome dans cette immensité. »

C'est bien cela, c'est bien cette joie extraordinaire de vivre qui saisit le voyageur, éperdu devant certains spectacles et comme enlevé à sa propre humanité par l'irrésistible besoin de s'anéantir dans l'âme universelle. J'ai chanté à tue-tête, au delà de Koseyr, en voyant les flots de la mer Rouge baigner les pieds de mon dromadaire, et plus tard j'ai eu les larmes aux yeux, lorsque, au soir, le coude de la route de Mar-Sabah m'a caché, au delà du lac Asphaltite, les montagnes que je contemplais depuis le matin. Au mois de janvier 1870, je rencontrai Gautier; il était triste et dolent; il me dit, avec une expression découragée, comme s'il sentait son dernier rêve lui échapper : « Hélas! nous ne voyagerons plus! »

La vivacité de l'émotion augmente encore chez Gautier la puissance de la vision; ses yeux de myope fouillèrent partout, ne négligèrent aucun détail et gravèrent à jamais dans sa mémoire les images qu'ils avaient recueillies : ce qui lui donna une force singulière de description, lorsqu'il écrivit le récit de son voyage. Avec lui, il n'est plus question de cette phraséologie descriptive qui ne décrivait rien et que le romantisme, trop occupé à costumer de pied en cap les légendes du moyen âge, n'avait pas encore détruite. Les bosquets, les charmilles, les paysages « faits pour le plaisir des yeux » verdoyaient toujours par-ci par-là. Jean-Jacques Rousseau, qui se disait l'amant de la nature, mais qui n'en fut pas le peintre, n'avait point fermé son école de paysagiste; son influence est encore très sensible dans les premiers romans de

George Sand. Rousseau aime à « planer des yeux sur
l'horizon de ce beau lac, dont les rives et les montagnes qui le bordent enchantaient sa vue ». Il ne peut
se débarrasser d'une certaine philosophie grognonne
et « poseuse » qui finit par devenir insupportable,
car elle est voulue et fait partie du bagage de la
sensibilité qu'il avait mise à la mode : « J'avais pris
l'habitude d'aller les soirs m'asseoir sur la grève,
surtout quand le lac était agité. Je sentais un plaisir
singulier à voir les flots se briser à mes pieds; je
m'en faisais l'image du tumulte du monde et de la
paix de mon habitation. » Chez Théophile Gautier,
rien de semblable; il est bien trop sincère pour ne
pas rejeter ce fatras de rhétorique auquel l'auteur
ne croit pas et que le lecteur ne croit pas davantage.
Toute déclamation lui est inconnue, et l'on n'en peut
trouver trace dans ses livres; il ne pleure pas sur les
ruines, un arbre brisé par l'orage ne lui rappelle pas
la fragilité de la vie humaine et il peut regarder
couler une rivière sans la comparer à la fuite des
jours. On comprend que le lieu commun lui est
odieux et que la platitude l'exaspère; il en paraîtra
sans doute paradoxal à quelques lecteurs, mais
cuistre, jamais.

« Je m'assure que ceux qui n'ont pas tant voyagé
que moi et qui ne savent pas toutes les raretés de
la nature, pour les avoir presque toutes vues comme
j'ai fait, ne seront point marris que je leur en
apprenne quelque particularité. La description des
moindres choses est mon apanage particulier; c'est

où j'emploie le plus souvent ma petite industrie. »
C'est Saint-Amant, le poète de *Rome ridicule* et de
Moïse sauvé, c'est Saint-Amant, gentilhomme verrier
et gros buveur, qui a écrit cette phrase; mais elle
revient de droit à Gautier; ne dirait-on pas qu'elle
a été faite par lui, pour lui? Sa « petite industrie »
ne fut point de mince valeur, car elle a doté la littérature française d'un mode de description inconnu,
ou du moins fort mal pratiqué jusqu'alors. Gautier
apporte à l'art de décrire une précision réellement
extraordinaire. Son expression ne s'égare jamais;
elle n'est ni indécise ni confuse; elle n'est pas spéciale, elle ne veut pas être savante; elle est juste,
ce qui n'a l'air de rien et ce qui est le comble du
talent; le mot employé est si bien là où il doit être,
il est approprié avec tant de sagacité, que nul autre
ne le pourrait remplacer. Ce résultat semble obtenu
sans effort, naturellement pour ainsi dire : c'est le
tour de force des grands écrivains.

Cette netteté de la description, qui transmet au
lecteur l'impression reçue par le voyageur, a été
poussée, pour la première fois, par Théophile Gautier à un degré supérieur; cette note lui est personnelle, car nul ne l'avait encore donnée si ample,
et je dirai si persuasive; on l'a imité, mais non pas
égalé; à cet égard il reste sans rival. Cela seul, en
dehors de ses autres qualités, en fait un maître, car,
par l'unique essor de son talent individuel, il a
remplacé une forme stérile par une forme féconde
qu'il a créée. Quel que soit le talent de ceux qui sont

venus après lui et qui viendront, il reste l'initia-
teur. Si je ne craignais de paraître prétentieux, je
dirais qu'en dédaignant les à peu près et les équi-
valents douteux, en saisissant l'objet même, en le
mettant en relief, en le plaçant avec exactitude,
selon la nature qui lui est propre, sous les yeux du
lecteur, je dirais qu'il a inventé la probité descriptive. Quelle que soit l'admiration dont il est saisi et
qu'il laisse déborder avec une sorte de joie intime,
il ne dépasse jamais la mesure, car chez lui —
j'insiste sur ce point — l'esprit de justice est très
développé; il en résulte que l'équité le domine toujours, lui interdit les écarts auxquels les artistes
ne sont que trop enclins, et le maintient en dehors
de toute exagération. Aussi je n'hésite pas à dire
que les récits de voyage de Théophile Gautier me
semblent supérieurs à ceux de Victor Hugo : on
dirait que celui-ci ne regarde qu'à travers une loupe;
il voit gros; à ses yeux tout devient énorme : les
paysages, les monuments subissent des déformations
qui parfois les rendent méconnaissables; descendre
ou remonter le cours du Rhin après avoir lu le livre
de Victor Hugo, c'est s'exposer à une déception
certaine; l'ampleur des images, les magnificences
du style ont dénaturé le paysage et diminué le
fleuve, les ruines, les cathédrales à force de les
vouloir grandir. Avec Théophile Gautier, il n'en
est pas ainsi; la concordance entre la description
et l'objet décrit est absolue, ce qui, pour un récit
de voyage, est la qualité maîtresse. Aussi je com-

prends que, dans *les Rayons et les Ombres*, Hugo
se soit écrié :

... Oh! si Gautier me prêtait son crayon!

Ses idées préconçues, nées de rêveries romantiques sur l'Espagne, n'ont point obscurci son jugement et bien souvent se sont évanouies devant la
réalité; son enthousiasme est sérieux, mais sa
bonne foi est plus sérieuse encore et rien ne la
déconcerte. De même qu'il exprime sans scrupule
son admiration, c'est sans fausse honte qu'il note ses
déceptions; elles sont nombreuses : il ne retrouve
pas chez les femmes le type espagnol : la manola
de Madrid « n'a plus son costume si hardi et si pit-
toresque; l'ignoble indienne a remplacé les jupes
de couleurs éclatantes brodées de ramages exorbi-
tants »; la jalousie n'existe guère en amour, quoi
qu'en aient chanté les romances, quoi qu'en aient dit
les jeunes premiers. « Le Musée d'artillerie de
Paris est incomparablement plus riche et plus complet que l'*Armeria* de Madrid »; il n'est pas jusqu'à
Grenade dont « l'aspect général trompe beaucoup
les prévisions que l'on avait pu s'en former ». Au
cours de son récit, il remet toute chose au point
et par la véracité de sa parole détruit plus d'une
légende que l'on acceptait, sur la foi des poètes, des
dramaturges et des voyageurs sans véracité.

Jamais peut-être, plus que dans ce *Voyage en
Espagne*, il n'a laissé voir combien lui pesait la civilisation dans laquelle le hasard l'avait fait naître,

cette civilisation où tout est prévu, où tout homme
est étiqueté, où l'initiative individuelle est souvent
contrariée par les exigences de la collectivité, où
l'on doit naître, vivre, mourir selon la règle, où
certain costume même est de rigueur, où l'amour
n'est légitime que devant le notaire, où la poussée
des foules contraint les âmes délicates à se replier
sur elles-mêmes, où les entrepreneurs de journaux
gourmandent les poètes et les menacent de les mettre
au pain sec : toutes choses dont il avait souffert.
Il se demande si, au lieu d'être civilisés, comme
nous nous en vantons, nous ne serions pas des
barbares décrépits. Aux hommes politiques, que
la frénésie de leur ambition a entraînés dans les
guerres civiles, il dit : « L'avenir ne saura que vous
avez été un grand peuple que par quelques merveil-
leux fragments retrouvés dans les fouilles. » Il
regrette le départ des Mores : « L'Espagne n'est
pas faite pour les mœurs européennes. Le génie de
l'Orient y perce sous toutes les formes et il est
fâcheux peut-être qu'elle ne soit pas restée moresque
ou mahométane. » A Cordoue, dans la mosquée, qui
reste admirable, malgré les mutilations qu'elle a su-
bies, il est plus affirmatif : « J'ai toujours beaucoup
regretté, pour ma part, que les Mores ne soient
pas restés maîtres de l'Espagne, qui certainement
n'a fait que perdre à leur expulsion. »

Lamentations d'un artiste qui aime la couleur, les
beaux harnachements, les combats chevaleresques,
et qui, parfois, regarde trop l'histoire à travers le

prisme déformant de la poésie. Si l'Espagne était restée sous la domination arabe, elle n'eût jamais connu les gloires de Charles-Quint. Puisque Mahomet a été « le sceau » des prophètes et que le Koran est la dernière révélation que Dieu ait daigné faire à l'humanité, les peuples qui se tournent vers la Mecque en invoquant Allah, sont condamnés à l'immobilité, c'est-à-dire à la décadence, à la défaite, à la soumission. Si Charles Martel, Jean Hunyade, Sobieski n'avaient vaincu les musulmans dans les champs de Poitiers, de Choczim et devant les murs de Vienne, l'Europe vivrait probablement aujourd'hui sous la loi du Koran; pour mieux dire, elle dormirait, fataliste, veule, sans souvenir de la veille, sans souci du lendemain et se croirait quitte de tout devoir après avoir égrené son chapelet en énumérant les quatre-vingt-dix-neuf attributs de Dieu. Il est bon d'admirer l'architecture arabe, mais il faut admettre que les nations ne vivent pas que de colonnettes, de stalactites sculptées et d'archivoltes brodées en stuc.

Théophile Gautier, qui alors n'avait visité ni l'Algérie, ni le Caire, se figurait la vie arabe tout autre qu'elle n'est et surtout qu'elle n'était. A défaut de la réalité, il essaya de s'en donner l'illusion et il obtint d'habiter l'Alhambra, d'y dormir, d'y vaguer comme en son propre palais. Son imagination ne se fit faute, sans doute, de le peupler à sa guise et de s'y donner des fêtes où les almées dansaient l'abeille au son du derbouka et de la flûte à deux branches,

car il a écrit : « Nous y restâmes quatre jours et
quatre nuits qui sont les instants les plus délicieux
de ma vie. » Je suis persuadé que seul l'amour de
l'art a rendu ces moments aussi délicieux qu'il le
dit; cependant je me souviens de quelques vers des
Emaux et Camées :

> Au son des guitares d'Espagne
> Ma voix longtemps la célébra :
> Elle vint, un jour, sans compagne,
> Et ma chambre fut l'Alhambra.

Est-il seulement entraîné par une sorte d'amour
rétrospectif vers l'époque de la domination more,
qu'il se figure plus épique et plus grandiose qu'elle
n'a été? Il me semble que, s'il fait un retour vers le
passé, c'est par esprit d'opposition, par mauvaise
humeur contre les habitudes civilisées, les habitudes parisiennes qu'il a fuies avec empressement,
et qui le poursuivent partout où il regarde, dans
les villes, sur les routes, jusque dans les villages
enfouis au fond des vallées. Chercher la couleur
locale, les costumes éclatants, les sombreros, les
pasquilles, et trouver les redingotes, les pantalons,
les chapeaux gibus, les robes longues et les man-
ches à gigot, c'est dur : il en souffre et ne peut
s'en taire. En 1840, « les modes à l'instar de
Paris » commençaient déjà à se généraliser et se
substituaient aux vêtements de terroir, dont l'originalité était un régal pour les yeux de l'artiste.
Qu'est-ce donc aujourd'hui que les grands ma-

gasins de confection « pour hommes et pour
femmes », aidés par les chemins de fer, ont fait de
l'uniformité de la teinte, de la coupe et de l'étoffe,
le principal objet de leur exportation. Toute l'Europe
s'habille de la même manière ; est-ce pour cela
qu'elle est si laide? « C'est un spectacle douloureux, dit Théophile Gautier, pour le poète, l'artiste
et le philosophe, de voir les formes et les couleurs
disparaître du monde, les lignes se troubler, les
teintes se confondre et l'uniformité la plus déses-
pérante envahir l'univers sous je ne sais quel prétexte de progrès. » Et plus loin : « Il deviendra impossible de distinguer un Russe d'un Espagnol, un
Anglais d'un Chinois, un Français d'un Américain.
L'on ne pourra même plus se reconnaître entre soi,
car tout le monde sera pareil. Alors un immense
ennui s'emparera de l'univers et le suicide décimera
la population du globe, car le principal mobile de
la vie sera éteint : la curiosité. » On n'en est pas
encore au suicide, on en est seulement au pessimisme, qui est le bâillement de l'esprit; mais, n'en
déplaise aux mânes de Gautier, je crois que le costume n'y est pour rien.

Si, pour plus de commodité dans l'existence quo-
tidienne, par économie peut-être, à coup sûr par
esprit d'imitation, l'Espagne s'est peu à peu déta-
chée des mœurs des ancêtres, elle retrouve ces mœurs
tout entières, elle les ressuscite farouches, étince-
lantes, orientales dans les courses de taureaux qui
sont comme un besoin du peuple et une gloire de la

nation. En y assistant, Gautier ne se tient pas de
joie; il est « empoigné », comme l'on dirait aujour-
d'hui; ni la longue attente, ni le soleil torride n'at-
ténuent sa curiosité; il s'associe aux émotions de la
foule et, ainsi qu'elle, il s'enivre de carnage. Cet
homme dont la douceur était proverbiale, ce poète
dont l'intelligente mansuétude respectait toutes les
manifestations de la vie, même dans les fleurs qu'il
lui répugnait d'arracher de leur tige, ce philosophe,
à qui la violence faisait horreur, est saisi d'admiration pour le sanglant spectacle; il exulte, il bat des
mains; lui aussi, il est haletant et, selon les péripéties de la lutte, il crie : *Bravo toro!* ou *Bravo torero!*
Contradiction étrange, qui s'explique par l'extrême
développement du sens artiste, par l'attrait d'un
drame où rien n'est fictif, par l'enthousiasme qu'in-
spire le courage, même lorsque le courage est inutile et cruel.

Toutes les fois que, pendant son voyage, Théophile Gautier peut assister à une course, il n'y
manque pas et il se raille volontiers des moralistes
doucereux et sentimentaux — dont je suis — qui
blâment le goût de ce *divertissement barbare*; il a
pris soin de souligner ces deux derniers mots, afin
de prouver en quel mépris il tient les « bourgeois »
qui ne reculent pas devant de si pitoyables lieux
communs pour exprimer la niaiserie de leurs pensées. Il voyage jour et nuit, il double les étapes, afin
d'arriver en temps opportun à Malaga où l'on pré-
pare des courses qui promettent d'être pleines d'in-

térêt. L'intérêt ne fit pas défaut, car, en l'espace de trois jours, vingt-quatre taureaux furent portés bas et quatre-vingt-seize chevaux furent éventrés. La *spada* — l'épée — la plus célèbre de ce temps-là en Espagne, Montès de Chiclana, y fut applaudie comme un empereur au jour de son triomphe et sifflée comme un chien qui se sauve. Il paraît que pour ces gens-là, non plus que pour Mirabeau, la roche Tarpéienne n'est loin du Capitole. Montès, se trouvant aux prises avec un animal redoutable, l'avait tué d'une façon peu correcte. « Quand on eut compris le coup, dit Gautier, un ouragan d'injures et de sifflets éclata avec un tumulte et un fracas inouïs : Boucher! assassin! brigand! voleur! galérien! bourreau! étaient les termes les plus doux. Aux galères, Montès! au feu, Montès! les chiens à Montès! Jamais je n'ai vu une fureur pareille, et j'avoue, en rougissant, que je la partageais. Les vociférations ne suffirent bientôt plus; l'on commença à jeter sur le pauvre diable des éventails, des chapeaux, des bâtons, des jarres pleines d'eau et des fragments de bancs arrachés. » Après la course, Montès partit « en jurant ses grands dieux qu'il ne remettrait plus les pieds à Malaga ». Juste punition, noble orgueil! ne dirait-on pas Coriolan s'éloignant de Rome ou Scipion rédigeant son épitaphe : *Nec ossa quidem habebis!*

Que la vanité de ces tueurs d'animaux soit excessive et, partant, passablement comique, cela n'a rien de surprenant. Leur gloire, c'est-à-dire la rumeur qui s'élève autour d'eux, est d'autant plus retentis-

sante qu'elle est de plus courte durée. L'enthousiasme des foules est comme la foudre qui fait beaucoup de bruit, s'apaise et ne laisse trop souvent que
des ruines derrière elle. Montès a été le roi du jour;
il était l'idole de l'Espagne, on s'honorait de porter
ses couleurs, et des femmes, que la destinée réservait à des trônes, le faisaient asseoir près d'elles,
dans leur voiture, après la course. De Santander à
Tarifa, de Salamanque à Tortose, pas un cœur qui
ne battît pour lui; il a eu tous les enivrements; il
a pu se croire le héros national et se comparer à
Bernard de Carpio. Gautier, blasé cependant sur
les succès de théâtre ou d'arène, dont il a été si
souvent le témoin, est profondément ému des ovations faites au torero et il le dit avec sa bonne foi
ordinaire : « Pour de pareils applaudissements, je
conçois que l'on risque sa vie à chaque minute; ils
ne sont pas trop payés. » Soit; je ne chicanerai
pas, quoique ce ne soit pas l'envie qui me manque;
mais j'estime que Gautier a été trop loin et qu'il a
dépassé sa propre pensée, lorsque, parlant de la
minute où le torero est face à face avec le taureau,
il écrit : « Il est difficile de rendre avec des mots
la curiosité pleine d'angoisse, l'attention frénétique
qu'excite cette situation, qui vaut tous les drames
de Shakespeare. » Est-ce tout? Non pas; il faut que
l'impression ait été d'une singulière violence, pour
que le poète, ce délicat, cet amoureux des belles
images et des rimes précieuses, ait fait l'aveu que
voici, en sortant du théâtre de Malaga : « Je son-

geais à ce contraste si frappant de la foule du cirque
et de la solitude du théâtre, de cet empressement de
la multitude pour le fait brutal et de son indifférence aux spéculations de l'esprit. Poëte, je me
suis mis à envier le gladiateur; je regrettai d'avoir
quitté l'action pour la rêverie. La veille, l'on avait
joué une pièce de Lope de Vega qui n'avait pas
attiré de monde : ainsi le génie antique et le talent
moderne ne valent pas un coup d'épée de Montès! »

Horace n'a jamais regretté de n'être pas andabate,
bestiaire ou mirmillon, et il a écrit : *Odi profanum
vulgus et arceo.* N'est-ce donc rien que de se survivre,
et Gautier, parlant ainsi, ne voit-il pas qu'il lâche
la proie pour l'ombre? Le coup d'épée du torero,
« l'âme » de la chanteuse, l'*ut* de poitrine du ténor,
la grimace du pitre, le geste du tragédien, le flic-
flac de la danseuse, l'intonation des voix d'or, la
démarche des Phèdres, la fureur des Camilles, le
sourire des Célimènes soulèvent l'admiration du public, qui voudrait porter en triomphe ceux auxquels
il doit quelques minutes d'émotion. Gladiateurs et
virtuoses, mimes et déclamateurs ont eu leur jour; ce
jour passé, tout est fini pour eux. La mort met l'épée
au fourreau, éteint la voix, brise le geste, interrompt
l'entrechat; rien ne reste, pas même un souvenir
certain, car la parole est impuissante à faire comprendre la cause des ovations et de l'éphémère célébrité. Un quatrain, une page de prose, un tableau,
une statuette suffisent à immortaliser un homme. La
vraie gloire est celle qui subsiste en gardant ses

preuves en main. Il vaut mieux avoir fait une chan-
son à boire que d'avoir tué tous les taureaux d'Espagne.

O Gautier, mon vieil ami, si Montès n'est pas
encore tout à fait inconnu, c'est peut-être parce que
tu en as parlé. Alfred de Vigny a été bien inspiré
et a noblement revendiqué son droit lorsque, après
avoir compté ses aïeux, ouvert leurs parchemins,
visité leurs tombes, il s'est écrié :

> C'est en vain que d'eux tous le sang m'a fait descendre;
> Si j'écris leur histoire, ils descendront de moi.

Accordons à Montès ce qui appartient à Montès :
le courage et un applaudissement; gardons au poète
ce qui appartient au poète : l'inspiration, la grandeur
de l'esprit et la durable renommée.

Pendant les six mois que Théophile Gautier passa
en Espagne, il y fut heureux ou tout au moins satisfait, quoique la civilisation moderne y fût quelquefois plus avancée qu'il n'aurait voulu. A cet égard il
semble un peu injuste, car il ne lui fallut pas moins
de quatre jours et demi pour franchir les trente
lieues qui séparent Malaga de Cordoue; en cette
circonstance, du moins, la civilisation espagnole, ou
ce qui en tenait lieu alors, s'était mise en frais de
coquetterie envers lui. Il a toujours aimé ce pays
depuis qu'il l'a parcouru, d'abord parce que c'était
le premier pays étranger qu'il eût visité, ensuite
parce qu'il y rencontra des émotions nouvelles qui le
charmèrent, enfin parce qu'il était jeune, vigoureux,

ardent à toutes les curiosités, sans lourdes charges
dans sa vie, sans regret du passé, sans inquiétude
pour l'avenir et que son talent semblait mûr pour
toute espérance. Aussi l'Espagne lui resta chère ; souvent, entre deux feuilletons, il s'échappait, traver-
sait les Pyrénées, humait l'air des sierras, assistait
à une course de taureau, et, vivifié par cette fugue en
contrée amie de son rêve, il reprenait moins péni-
blement sa tâche de tous les soirs au théâtre, de
toutes les semaines au feuilleton.

Lorsque, au mois d'octobre 1840, il débarque à
Port-Vendres, il comprend qu'il laisse derrière lui
quelque chose qu'il ne retrouvera plus : « Vous le
dirai-je? En mettant le pied sur le sol de la patrie,
je me sentis les larmes aux yeux, non de joie, mais
de regret. Les tours vermeilles, les sommets d'argent
de la sierra Nevada, les lauriers-roses du Généra-
life, les longs regards de velours humides, les lèvres
d'œillet en fleur, les petits pieds et les petites mains,
tout cela me revint si vivement à l'esprit, qu'il me
sembla que cette France était pour moi une terre
d'exil. Le rêve était fini. » Regret de poète qui voudrait revoir les horizons et les vestiges des mondes
évanouis qu'il a admirés. En notant cette impression
de tristesse, bien connue des voyageurs, Gautier
oublie que quinze jours auparavant, dans une
auberge de Carmona, il s'est attendri à la vue de
quelques lithographies coloriées représentant des
scènes de la révolution de Juillet : « C'était un
petit morceau de France encadré et suspendu au

mur. » Là encore, la note est juste : à l'étranger
et si bien que l'on y soit, tout ce qui rappelle la
patrie trouble le cœur et mouille les paupières.

Gautier ne s'était pas trompé ; le goût des voyages
s'était emparé de lui, goût tyrannique qui est une
sorte de nostalgie à l'envers et qui devient une souffrance aiguë lorsqu'il n'est point satisfait. Aussi dès
qu'il « avait réuni quelque somme », il partait. En
1845 il parcourut l'Algérie ; de cette excursion devait
résulter un livre écrit et « illustré » par lui ; il y
travaillait, lorsque la révolution de Février, mettant
son éditeur en faillite et en politique, interrompit
l'œuvre qui n'a jamais été reprise et dont il n'a paru
que quelques fragments. Si, comme l'a écrit Gautier,
son entrée au journal la Presse, en 1836, mit fin à sa
vie indépendante, on peut affirmer que la révolution
de 1848 a tué la tranquillité de son existence. C'est
à partir de cette heure, en effet, que les difficultés
s'accumulent autour de lui et l'étreignent si étroi-
tement, que plus d'une fois il y faillit succomber. A
force de patience et grâce à un labeur assidu, il avait
vaincu la mauvaise fortune ; il sortait de la fondrière
où il s'était si longtemps débattu, il en était sorti,
lorsque la révolution du 4 septembre 1870 l'y
replongea de nouveau. Douloureuse ironie du sort
qui frappe par la politique un homme auquel la politique a toujours été si indifférente, qu'il n'a peut-être
pas connu le nom des ministres de son temps. Peu
de mois avant sa fin, alors qu'il était affaissé sous le
poids de sa propre ruine, il s'écria : « Je suis une

victime des révolutions. » On en a souri, on a eu
tort ; il n'avait dit que la vérité.

En 1850, accompagné de Louis de Cormenin qu'il
aimait tendrement, il partit pour l'Italie, et la visita
depuis Domo d'Ossola jusqu'à Naples. Pendant près
de deux mois, il prolongea son séjour à Venise, que
l'aigle autrichienne venait de ressaisir. C'était bien
alors la cité triste et touchante dont a parlé Edgar
Quinet : « Venise morte, sur son coussin de soie,
qu'un gondolier amenait à Josaphat à travers la tem-
pête. » Grâce au ciel, elle est ressuscitée avant le
jugement dernier. Gautier fut conquis par la vieille
ville des doges, du conseil des Dix, des gon-
doles et de la place Saint-Marc. Le livre qu'il
lui a consacré — *Italia* — est entre toutes les
mains. Le talent considérable que l'on constate à
chaque page du *Voyage d'Espagne*, s'est fortifié
encore et concentré. Jamais la réalité — je ne dis
pas le réalisme — n'a été poussée plus loin. Plus
tard, Gautier a pu faire aussi bien, il n'a pas fait
mieux, ni lorsqu'il décrit la Corne-d'Or, ni lorsque
du haut du Kremlin il jette un regard d'ensemble
sur Moscou. Il lui suffit d'une phrase, parfois d'un
mot, et il fait une évocation dont la puissance est
pour surprendre. Quel est le voyageur ayant été à
Venise qui ne croira pénétrer dans l'église Saint-
Marc, en lisant : « La première impression est celle
d'une caverne d'or incrustée de pierreries, splen-
dide et sombre, à la fois étincelante et mystérieuse » ?
Venise tout entière revit ainsi, palpite et se ranime ;

dût-elle disparaître dans un cataclysme, enlevée par
la mer Adriatique qui aurait rompu la barrière des
Murazzi, on la retrouverait sous la plume de Gautier.
Ce qu'il avait fait pour Venise, il voulait le faire
pour Florence, pour Rome, pour Naples, pour
Pompéi qu'il eût, une seconde fois, déblayée des
cendres du Vésuve. Ceci ne fut qu'un projet qu'il
ne réalisa pas. Ce n'est point la bonne volonté qui
lui manqua, ce fut le temps.

Il est difficile de comprendre qu'un des gouvernements sous lesquels Théophile Gautier a vécu, n'ait
pas eu l'intelligence de tirer parti des facultés excep-
tionnelles de ce poète voyageur dont la véracité
était si scrupuleuse. Pourquoi ne l'a-t-on pas détaché
du feuilleton pour le lâcher sur le monde antique,
sur l'Orient qui l'attirait et qu'il n'a pu qu'effleurer,
car chacune de ses étapes se comptait par les
pages de « copie » qu'il envoyait à son journal ;
il évaluait les kilomètres par le nombre de lignes
qu'ils lui coûtaient. Quels livres il eût rapportés
d'Égypte, de Palestine, de Syrie, de Mésopotamie,
de l'Hindoustan, de la Chine et du Japon. Nul n'y a
pensé sans doute, dans « les hautes régions du pouvoir » ; nul ne s'est soucié d'accroître nos richesses
littéraires, et comme Gautier n'était ni savantasse ni
ennuyeux, on l'a dédaigné. La première vertu des
hommes d'État doit être le discernement ; ceux qui
auraient pu s'occuper de Gautier n'en avaient guère,
car aucun d'eux n'a su reconnaître ses qualités émi-
nentes. C'est au détriment des lettres françaises

qu'on l'a laissé couché sur le lit de Procuste du rendu compte dramatique, où il fut toujours à l'étroit, où jamais il ne put s'étendre.

Je sais bien que Gautier avait de l'esprit, de l'imprévu, une originalité de bon aloi, une façon de dire irréprochable; il n'en faut pas plus, mais il en faut autant, chez « le peuple le plus spirituel de la terre », pour n'être jamais considéré comme un homme sérieux : ah! tu n'es pas un imbécile, eh bien! tu n'es propre à rien! Je dois ajouter, pour ne rien omettre, que le pourpoint rouge et les longs cheveux portés à la première représentation de *Hernani* ont pesé sur toute son existence, comme la *Ballade à la Lune* et *le Point sur un i* ont pesé sur celle d'Alfred de Musset.

En 1852, Gautier alla à Constantinople; en 1858 en Russie; ces deux voyages furent, comme les autres, faits à coups de « copie », au jour le jour, et il y eut parfois de terribles angoisses, quand le caissier du journal ou la poste était en retard. Lors de l'inauguration du canal de Suez, il s'embarqua pour l'Égypte, aux frais, cette fois, du *Journal officiel*. La malchance poursuivait le pauvre poète, qui se réjouissait d'aller saluer *Abou-l'houl* (le père de l'épouvante), c'est-à-dire le sphinx de Gyzeh, de gravir les Pyramides et de remonter le Nil jusqu'à Ibsamboul. A bord du *Mœris*, le bateau à vapeur qui le transportait à Alexandrie, il tomba et se brisa l'humérus du bras gauche. Il prit son parti avec une philosophie extérieure qui ne se démentit pas, mais le diable n'y

perdit rien. Au lieu de faire un nouveau volume avec
ce voyage, il dut se contenter de quelques articles
sommaires qui ont été réunis à d'autres dans *l'Orient*[1].

Un de ces derniers voyages exerça sur lui une
influence extraordinaire qu'il n'avait point prévue.
Après avoir visité Constantinople, qui le dérouta
un peu et ne lui plut que médiocrement, sans doute
à cause des inquiétudes morales dont il y fut assailli,
il s'arrêta à Athènes, y resta quatre jours, reprit sa
route vers Venise, sa chère Venise, tant admirée,
tant aimée, tant regrettée, et s'y reposa. Dès le sur-
lendemain de son arrivée, il écrivit à Louis de Cormenin une lettre que j'ai sous les yeux et où je copie
le passage suivant, qui est le témoignage de la loyauté
d'un artiste incapable de tromper les autres en
essayant de se tromper lui-même : « Athènes m'a
transporté. A côté du Parthénon tout semble barbare et grossier; on se sent Muscogulge, Uscoque
et Mohican en face de ces marbres si purs et si
radieusement sereins. La peinture moderne n'est
qu'un tatouage de cannibales et les statues un pétris-
sage de magots difformes. Revenant d'Athènes,
Venise m'a paru triviale et grotesquement décadente.
Voilà mon impression crue. » Cette impression, il
en a plus tard adouci la formule, tout en la maintenant, lorsqu'il a dit dans son autobiographie :
« J'aimais beaucoup les cathédrales, sur la foi de
Notre-Dame de Paris, mais la vue du Parthénon m'a

1. *L'Orient*, 2 vol. Charpentier. t. II, de 91 à 228.

guéri de la maladie gothique, qui n'a jamais été bien forte chez moi. »

En matière d'admiration, il n'est pas mauvais d'avoir beaucoup de maladies; j'avouerai, pour ma part, que le Parthénon, dont la vue m'a frappé d'une commotion inexprimable, ne m'empêche point d'admirer les temples de Karnac et que même, après avoir séjourné assez longtemps à Athènes, je n'ai jamais pu entrer à Venise sans émotion. Dans l'expansion du génie humain, toute manifestation supérieure trouve sa place et a droit à la vénération. Le Panthéon de l'art contient plus d'une divinité; il me paraît sage de les révérer, tout en gardant sa dévotion particulière et en faisant des oblations à celle qui s'identifie le mieux à nos aspirations; il ne convient de dire aux artistes : un seul Dieu tu adoreras. Le paradis de l'art est fait comme l'Olympe d'Homère : les dieux s'y coudoient, s'y aiment, s'y disputent et n'en sont pas moins des dieux.

En regard de l'opinion de Théophile Gautier je mettrai celle d'un ancien élève de l'École normale, professeur apprécié, dignitaire de l'Université, de M. Daveluy. Il était directeur de l'École française lorsque j'arrivai à Athènes vers la fin de l'année 1850. J'allai le voir, et, tout en causant avec lui, j'apercevais, par la fenêtre ouverte, l'Acropole baignée de lumière, qui portait le Parthénon, le temple de la Victoire Aptère, le Pandrosium comme un triple diadème de beauté, de grâce et d'élégance. Je lui dis : « Que vous êtes heureux de pouvoir con-

templer cette merveille à toute heure du jour! »
J'étais mal tombé. Daveluy leva les bras avec emportement et s'écria : « Fermez les persiennes, tirez
les rideaux, ce spectacle me fait mal; le Parthénon
est fastidieux, je ne veux plus que l'on m'en parle;
cette Grèce m'est une terre d'exil et d'épreuve; on
voit bien que vous n'êtes pas forcé d'y vivre! » Et
s'attendrissant, les larmes aux yeux, il continua :
« Ah! le jardin du Luxembourg, la cour de la Sorbonne, de ma vieille Sorbonne, la rue Saint-Jacques! » Plusieurs fois il répéta d'une voix émue :
« La rue Saint-Jacques; la rue Saint-Jacques! »
Il laissa tomber sa tête entre ses mains et resta
silencieux. Le pauvre homme regrettait son pays,
et ne se souciait guère d'Ictinus, de Callicrate et
de Phidias. Il était encore, bien malgré lui, à
Athènes, lorsque Théophile Gautier y passa; s'ils
se sont rencontrés, leur conversation a dû être
intéressante.

L'opinion de Gautier, d'un membre du cénacle,
du chevalier des grandes batailles livrées au classique, peut paraître étrange; elle ne l'est pas cependant et elle n'a surpris aucun de ceux qui ont vécu
dans son intimité. Comme la jeunesse de son époque,
comme les rêveurs et les artistes se sentant « quelque
chose là », il avait été séduit, entraîné par le mouvement romantique, que l'on prit pour une révolte
et qui était — heureusement — une révolution d'où
naquit un nouvel ordre de choses littéraires. Il eut
des exagérations, des « flamboiements », des enthou-

siasmes excessifs, il aima les dagues, les morions,
les souliers à la poulaine ; cela est bon. Pour avoir
quelque valeur dans l'âge mûr, il faut peut-être avoir
été un insurgé aux heures de l'adolescence. Malgré
les folies de l'école nouvelle auxquelles il s'associait,
quand il ne les provoquait pas, Théophile Gautier
avait une nature remarquablement pondérée ; il avait
beau prêcher le paroxysme, il se plaisait à la recti-
tude, et ses admirations ont toujours été pour les
maîtres les plus calmes ; la finesse du trait, la sub-
tilité de l'idée, la grâce de la forme le séduisaient. Il
ne s'en pouvait défendre, malgré qu'il en eût. Les
Pensées de Joubert, qu'il ne cessa jamais de louer,
ont été, pendant longtemps, son livre de chevet. Ni
l'Espagne, ni l'Italie ne l'avaient satisfait complètement. Lorsqu'il fut à Athènes, qu'il vit « le temple
de si radieuse perfection », il fut enivré : « Là, en
effet, posée sur l'Acropole comme sur un trépied
d'or au milieu du chœur sculptural des montagnes
de l'Attique, rayonne immortellement la beauté vraie,
absolue, parfaite. » Devant les monuments, devant
les paysages de l'Hellade, il lui sembla retrouver
quelque chose de déjà vu, comme si, après un long
exil, il rentrait dans une patrie toujours regrettée.
En présence de la plus complète floraison de cet
art grec, que Shelley appelait « l'art des dieux », il
se sentit transfiguré ; à cette minute qui compta dans
sa vie, il put dire :

Je vois, je sais, je crois, je suis désabusé.

C'est qu'en effet Théophile Gautier, que l'on se plaisait à comparer à un Turc, à un Hindou, parce que l'on se méprenait à son indolence apparente qui cachait une rare acuité de rêverie, n'était ni Hindou, ni Turc; il était bien plutôt Grec, Grec de la grande période, de cette époque dont la lumière n'est pas éteinte, car elle éclaire encore l'humanité. Depuis son voyage en Grèce, dans ses causeries intimes, Gautier, lorsqu'il était en humeur de croire à la transmigration des âmes, affirmait parfois avoir vécu à Athènes, au siècle de Périclès; il racontait ses conversations avec Eschyle, avec Aristophane qui, disait-il, était triste comme tous les comiques; il démontrait qu'Aspasie méritait peu sa réputation, et il se souvenait de s'être ennuyé au banquet qu'a immortalisé Platon. Il disait cela avec ce sourire à peine ébauché qui décelait parfois tant de sous-entendus. Était-ce un paradoxe? Je n'en sais rien; car son imagination était assez puissante pour lui faire illusion.

La vue du Parthénon lui révéla ce qu'il avait en vain cherché dans bien des pays et dans bien des manifestations de l'art : le beau abstrait. Il n'eut pas à se convertir : il reconnut son dieu, et l'adora.

CHAPITRE IV

LE CONTEUR

Ce n'est ni contre l'art, ni contre la poésie, ni contre le théâtre de la Grèce que le romantisme s'était dressé; c'était contre l'imitation maladroite des chefs-d'œuvre, c'était contre une littérature anémique, contre une architecture décadente, qui, sous prétexte de respect pour la tradition, se répétaient sans cesse, reproduisaient des formes dont elles avaient perdu le secret et semblaient retombées en enfance : ce n'est pas le marbre que l'on repoussait, c'était le carton-pierre. Il était temps que la rénovation se fît, car on arrivait au dernier degré de la sénilité. En opposition aux frontons et aux coupoles on tomba dans l'excès du gothique, on proclama la supériorité de l'arcade sur l'architrave, on se pâma d'aise devant les cathédrales et on tenta une résurrection du moyen âge qui, dans bien des cas, ne fut qu'une mascarade. Des esprits sérieux furent séduits : Michelet lui-même s'y laissa prendre et

n'hésita pas à faire plus tard son *mea culpa*, lorsque
sa bonne foi s'aperçut qu'elle avait été dupe d'elle-
même. Ce que l'on a oublié aujourd'hui, c'est que le
clergé, sans épouser ouvertement la querelle qui
s'agitait entre les deux camps ennemis, penchait
vers le romantisme et le soutenait sans trop de mystère. Cela n'a rien qui doit surprendre.

Le romantisme, logique dans son retour vers le
moyen âge, reconnaissait franchement le Dieu des
croisades et de saint Louis, au détriment des divinités païennes dont la poésie avait abusé jusqu'à la
nausée. C'était là un motif qui n'était pas sans
valeur; mais il en était un autre, de conséquence
plus grave et que l'on n'avouait guère, à demi-voix,
qu'entre « sages et discrètes personnes ». Le goût
du gothique, si longtemps proscrit comme barbare,
renaissait avec une vivacité singulière. Les vieilles
églises ogivales, en lancette, fleuries, flamboyantes,
tombaient en ruines et le dédain public s'en souciait
peu. On cria au vandalisme, on s'émut, on protesta,
et le clergé appuya des manifestations qui devaient
amener la restauration des édifices religieux éprou-
vés par le temps et le remettre en possession de
ceux qui, depuis la Révolution, avaient cessé d'être
consacrés au culte. C'est ainsi, sur cette voie détour-
née, que le mouvement romantique, poussé par un
mobile étranger à l'art, sortit des ateliers où il était
éclos et pénétra dans la bonne compagnie, qui, à
cette époque, exerçait encore une certaine influence
sur l'opinion. Le moyen âge fut à la mode; je ne

citerai point les auteurs qui furent célèbres alors
et je ne raconterai pas après eux — corne et
tonnerre! — les truanderies en hoquetons et en
hennins dont les belles dames faisaient leurs
délices. A quoi bon réveiller les trépassés?

Théophile Gautier reçut le mot d'ordre, et ne
s'y conforma pas. Victor Hugo venait d'obtenir un
des plus retentissants succès qui furent jamais, en
publiant *Notre-Dame de Paris*. Gautier estima que
cela était bien; mais il ne lui convint pas de disputer
les restes du maître aux néophytes qui les ramas-
saient avec plus d'ardeur que d'originalité. Il laissa
le moyen âge aux autres et n'y toucha pas; s'il y
touche, en passant, dans *les Jeune-France*, c'est pour
lui manquer de respect. Il voulait bien adopter les
principes, applaudir aux efforts, se mêler aux lut-
teurs et les encourager, mais à la condition de se
battre en partisan, avec ses armes personnelles,
sous sa propre bannière. Comme Alfred de Musset,
il entendait garder son indépendance, et il la garda
jusqu'à la dernière heure, conservant son individua-
lité intacte et ne se laissant pas entamer, malgré la
dévotion qu'il professait pour Victor Hugo.

On a dit que Gautier avait une âme peu énergique
qui volontiers se laissait influencer par autrui. Ceci
est une erreur. On a pris sa bonté pour de la fai-
blesse, et si, dans ses feuilletons hebdomadaires, il
ne crut pas devoir toujours résister aux sollicitations
de la camaraderie, on a eu tort d'en conclure qu'il
avait des opinions vacillantes et une conviction indé-

cise. Il était voyageur, conteur, poète : la nécessité,
je le répète, fit de lui un critique; métier fort honorable assurément, mais qui ne convenait pas à sa
nature; il l'a assez dit pour que l'on n'en puisse
douter; à cause de cela même, il a exercé ce métier
avec une bienveillance que l'on a qualifiée de banalité. On eût mieux fait de dire que l'insignifiance de
la plupart des œuvres dont il eut à parler — de combien parle-t-on encore? — était telle, qu'il lui était
indifférent de les louer ou de les blâmer. Il penchait
vers l'éloge, entraîné par sa mansuétude et aussi par
cet esprit de justice que j'ai signalé en lui; il tenait
compte de l'effort; il redoutait le préjudice que des
observations sévères quoique justifiées eussent pu
causer; il émoussait sa plume et n'avait souvent que
de l'indulgence quand il eût été en droit de morigéner. Ceux-là mêmes qui ont profité de sa bienveillance s'en sont raillés et l'ont accusé de manquer de
caractère; ils étaient ingrats, ce qui leur était naturel, mais ils ont formulé un arrêt dont l'iniquité est
flagrante. En ce qui touche ses convictions d'artiste,
Gautier était un intransigeant; il ne fit jamais de
concessions aux modes littéraires du jour; il admettait, sans réserve, les théories romantiques; il se les
appropria, il les mit au service de son originalité,
qu'elles développèrent; mais il n'en prit, dans la
pratique, que ce qu'il lui convenait d'en prendre. Il
resta ce qu'il voulut être, le chevalier errant de la
littérature nouvelle, sans autre attache que l'admiration pour le général en chef et la sympathie pour

le corps d'armée; mais il marcha isolé, n'accepta
aucun joug, pas même celui de Victor Hugo.

Pour s'en convaincre, pour reconnaître combien
sa note est personnelle, il suffit de relire ses nouvelles. A travers le tumulte, au milieu de ces criar-
des fanfares qui se sont épuisées d'elles-mêmes, elles
semblent un chant de violoncelle dont la vibration
se prolonge encore, harmonieuse et charmante, avec
la vigueur et la pureté du son initial, et cependant
voilà plus de cinquante ans que le maître a saisi son
archet pour la première fois. Hugo demeure en possession d'une gloire incontestée, incontestable, éclai-
rant toute une époque de son rayonnement; mais,
sans pécher par ironie, on peut faire remarquer
que les deux poètes de son école restés depuis son
avènement les plus jeunes et les plus vivants sont
ceux-là mêmes qui se sont le plus éloignés de lui :
Théophile Gautier et Alfred de Musset.

Les premiers contes que Gautier écrivit, alors
qu'il avait vingt-deux ans à peine, à l'heure même de
la plus violente éruption du romantisme, ressemblent singulièrement à une satire; il ne se gêne guère
pour se railler des excentricités qu'il était le premier à ne se point refuser, et d'un mot il fait le pro-
cès à la méthode historique de la nouvelle école.
Écoutez ce qu'il dit de Wildmanstadius, l'homme
moyen âge : « Il vous eût raconté de point en point
la chronique de tel roitelet breton antérieur à Gralon
et à Conan, et vous l'eussiez fort surpris en lui
parlant de Napoléon. » Cela prouve que l'admiration

et l'impertinence peuvent faire bonne route ensemble; je sais bien que le poème d'*Albertus*, composé sur l'autel même des dieux nouveaux, devait racheter ces peccadilles, mais il était intéressant de constater que, dès le début, Gautier réserve sa prose : c'est un allié et non pas un homme lige.

Les différentes nouvelles dont la réunion forme le volume des *Jeune-France* ne sont sans doute qu'un de ces accès de gaieté et de bouffonnerie qui éclatent dans la jeunesse comme la floraison du printemps, car c'est l'âge heureux où l'on rit pour rire de tout, des autres et de soi-même. On peut donc croire que si Gautier traite un sujet, à la fois doux et triste, qui porte en soi une apparence légendaire, il le traitera à la mode romantique, avec quelque grincements de dents et un peu d'épilepsie. Le premier conte qu'il emprunte à sa propre fantaisie date de 1833; c'est la première perle de ce chapelet littéraire qu'il doit égrener d'une main à la fois si sûre et si élégante : *le Nid de rossignols*; qui ne s'en souvient? Deux sœurs jeunes et belles ont pour la musique un amour exclusif, servi par une voix merveilleuse; elles luttent contre un rossignol qui expire de jalousie, en leur confiant son nid où trois oisillons réclament la becquée. Les rossignolets sont adoptés par les deux chanteuses, qui, elles aussi, meurent épuisées par leur passion, en modulant un chant d'une beauté surhumaine, que les petits rossignols recueillent pour aller le répéter devant le trône éternel. « Le bon Dieu fit plus tard, avec ces trois rossignols, les âmes de Palestrina, de Cimarosa et du chevalier Gluck. » C'est fort simple, sans recherche de poésie superflue, sans rien d'excentrique; la phrase est irréprochable et le style offre déjà ces qualités qui promettent les maîtres écrivains. Je sens bien là le romanesque, mais je n'y vois pas le romantisme, tel qu'on le concevait en 1833. On dirait une protestation; je suis persuadé qu'elle n'a pas été préméditée, mais elle n'en existe pas moins, d'autant plus nette qu'elle a été spontanée et, pour ainsi dire, inconsciente. A son insu peut-être, Gautier vient de choisir sa voie particulière. Si *le Nid de rossignols* est un début dans les œuvres d'imagination en prose, ce début ne ressemble guère à celui de Victor Hugo, à ce *Han d'Islande* qui côtoie de si près le grotesque, qu'il s'y laisse choir plus souvent que l'on ne voudrait.

Cette sagesse, dont Gautier ne se départira jamais, est le résultat de la pondération d'esprit que j'ai constatée et qui fut, quoi qu'on en ait pu dire, un des signes caractéristiques de son talent. C'est par là qu'il se tiendra éloigné naturellement des caricatures et des brutalités, de ce qu'il a nommé lui-même les insanités épileptiques du répertoire des Bouffes-Parisiens et les romans charognes. Comme les sculptures du temple d'Apollon Épicurius, qui représentent le combat des Centaures et des Lapithes, il reste correct, véridique pour ainsi dire, dans la peinture des actes les plus violents. C'est de la sorte que, dans son *Voyage en Espagne*, il a pu

raconter minutieusement les péripéties des courses
de taureaux sans jamais tomber dans l'outrance et la
trivialité : s'il assiste à un spectacle fait pour lever
le cœur de dégoût, il se contente de dire : « Le dernier taureau fut abandonné aux amateurs, qui envahi-
rent l'arène en tumulte, et le dépêchèrent à coups de
couteau ; car telle est la passion des Andalous pour
les courses, qu'il ne leur suffit pas d'en être spectateurs, il faut encore qu'ils y prennent part, sans
quoi ils se retireraient inassouvis. » Si un tel fait avait
été reproduit par Lottin de Laval, Alphonse Brot,
Pétrus Borel, quelle orgie d'épithètes et quelle
débauche de superlatifs ! Gautier, initié à toutes les
ressources de l'art d'écrire, savait que l'exagération
de l'expression en neutralise l'énergie et en atténue
l'effet.

Aujourd'hui que les passions littéraires et les dis-
putes d'écoles sont apaisées jusqu'à l'affaissement,
on reste surpris de la modération croissante de
Gautier, car elle ne concorde guère avec la renommée que les ultra-classiques de son temps lui ont
faite. A l'époque peu regrettée où j'étais encore au
collège, un de nos professeurs, helléniste érudit et
de quelque notoriété, causait parfois avec nous des
« novateurs intempérants » — c'était son mot —
qui jetaient des ballades dans le jardin de Le Franc
de Pompignan. Un jour on lui demanda ce qu'il pensait de Théophile Gautier ; il fit la grimace et répondit : « Je n'en pense rien, car je n'ai pas encore eu
le loisir d'apprendre l'iroquois. » Parmi les secta-

teurs de Marmontel, père de *Denys le tyran*, et de
La Harpe, fabricant d'un *Philoctète* qui n'a pas fait
oublier celui de Sophocle, cette opinion paraît avoir
été générale. On parlait du dévergondage de son
style, on l'accusait de mettre la langue française à
la torture et de l'écarteler. Il en est ainsi toutes les
fois que la passion affole les gens superficiels, qui
sont si nombreux, qu'on peut les appeler légion. Tout
esprit de justice disparaît alors; on le vit bien, à
cette époque, quand on reprocha aux vers de Victor
Hugo d'être grossiers, disloqués, rugueux et quand
on répéta avec applaudissement cette épigramme,
qui fut célèbre et dont le lecteur se souvient peut-
être :

> Où donc, Hugo, juchera-t-on ton nom ;
> Justice enfin que faite ne t'a-t-on ?
> Quand donc au corps qu'académique on nomme
> Grimperas-tu de roc en roc, rare homme ?

Accès de mauvaise humeur, qui sans doute se dis-
sipa promptement? Non pas! Trente ans après la
bataille de *Hernani*, de Pongerville, auteur d'une traduction en vers de Lucrèce, parlait encore de « la
terreur du mauvais goût » et de « cet interrègne des
arts où la démagogie littéraire outrageait, renversait
toutes les gloires passées et proscrivait le talent qui
tentait de suivre les traces de nos maîtres [1] ».

On conçoit, d'après cela, que Théophile Gautier

---

1. Voir *Nouvelle Biographie générale*, publiée par Firmin
Didot frères, t IV, p. 376.

n'ait pas été ménagé dans cette clameur de haro
classique; sa longue chevelure, son caban soutaché,
son chapeau de forme hétérodoxe le désignaient à
des yeux prévenus; aussi devint-il le bouc émissaire
des péchés du romantisme, on lui prêta toute sorte
d'énormités dont il ne se rendit jamais coupable, et
il fut considéré comme le démolisseur patenté de
la langue française, de cette langue qu'il devait honorer par tant de savoir, d'exactitude et d'élégance. A
entendre ses détracteurs qui, de bonne foi, se don-
naient pour les gens de goût par excellence, c'était
un écrivain fougueux, emporté, poussant jusqu'à
l'absurde la recherche de l'étrange, jetant les sub-
stantifs par les fenêtres, déshonorant les adverbes et
s'ingéniant à créer des mots baroques afin de mieux
insulter aux traditions révérées. Cette accusation
d'être un néologue incorrigible fut souvent portée
contre Théophile Gautier; a-t-elle pris fin aujour-
d'hui? je n'en répondrais pas, car elle résulte d'une
erreur, et, dans certains pays, les erreurs ont la vie
dure. En telle matière, on serait imprudent d'être trop
affirmatif, cependant je crois qu'il n'a jamais eu
besoin d'inventer un mot nouveau; ceux qu'il savait
lui suffisaient amplement. Son « dictionnaire » était
d'une inconcevable richesse, il n'ignorait aucun voca-
ble; dans ses lectures qui, à peu de choses près, ont
embrassé l'ensemble des œuvres littéraires françaises
depuis la Renaissance, il avait recueilli des mots
expressifs tombés en désuétude, à peine connus des
savants, ignorés du public; il les avait ressuscités

et leur restitua le droit de cité dans les lettres, en les employant avec justesse et sagacité. Par là il a rendu un important service à la langue, que l'usage des mots exclusivement adoptés par « le monde », que l'habitude de ne point désigner les choses par leur nom mais par des métaphores, que la convention, en un mot, avait singulièrement appauvrie. Il se soucia peu de heurter « les convenances », mais il se soucia de parler français, et l'on peut reconnaître qu'il y a réussi. Il y a même réussi sans effort, car il écrivait avec une facilité extraordinaire.

Cette facilité se dénonce d'elle-même sur ses manuscrits. L'écriture petite, arrondie, bien formée, court sans hésiter, presque sans rature, depuis le premier jusqu'au dernier feuillet; elle indique un homme sûr de sa pensée et de sa forme. Il sait toujours ce qu'il veut dire, comment il veut le dire; il n'a plus à s'occuper que de la besogne matérielle, car l'œuvre est faite. On disait un jour à Racine : « A quoi travaillez-vous maintenant? — Je viens de terminer une tragédie. — Quand la ferez-vous représenter? — Bientôt; je n'ai plus qu'à l'écrire. » Gautier en aurait pu dire autant. Il considérait la facilité dans la production littéraire comme un indice de talent; dès 1835, dans son étude sur Scudéry, il avait formulé son opinion à cet égard : « Un des premiers dons du génie, c'est l'abondance, la fécondité. Tous les grands écrivains ont produit énormément, et il n'y a jamais eu de mérite à rester fort longtemps à faire peu de chose, quoi qu'en puissent dire

et Malherbe et Balzac, et tous ces littérateurs diffi-
ciles à qui les fumées de la lampe nocturne engor-
gent le cerveau de suie et qui sont malades d'une
strangurie de pensée. »

Sa facilité était telle, que rien n'y mettait obstacle ;
il travaillait partout, au milieu du tapage, chez lui,
tout en causant, dans la rue à travers les passants
et les voitures. Rien ne le déroutait. C'est dans une
imprimerie, secoué par les trépidations des presses
à vapeur, malgré le brouhaha des ouvriers en mouvement, qu'il a écrit son volume d'*Italia*, dont un
prote coupait le manuscrit, sous sa plume même, dix
lignes par dix lignes, afin d'accélérer la composi-
tion. L'on pourrait croire que cette faculté — très
rare lorsqu'elle est poussée à ce point — est le
résultat de l'habitude et qu'elle ne lui fut acquise
que progressivement ; on se tromperait : il l'a pos-
sédée dès les heures de la jeunesse. On se rappelle
qu'il a habité dans la rue du Doyenné, ce domaine
de la *Bohème galante* auquel j'ai déjà fait allusion.
Ses compagnons de chambrée, et les amis qui fré-
quentaient chez eux, tous jeunes, tumultueux, ne
péchaient point par des habitudes de recueillement
propices au travail ; c'est cependant là, dans l'atelier
turbulent qui servait de salon de réception, de salle
d'armes, de salle de boxe, de salle de bal, de salle à
manger et d'école de cor de chasse, qu'il a écrit, en
six semaines, le second volume de *Mademoiselle de
Maupin*. C'était en 1835 ; il venait d'avoir vingt-
quatre ans.

Le livre parut; quel tintamarre! quel scandale! on se voilait la face; on disait : hélas! se peut-il? et on en appelait au bras séculier; on criait à l'immoralité, à l'obscénité; on n'osait guère avouer que l'on avait tenu en main ce volume de perdition, mais l'on s'en régalait sous le manteau et personne n'en mourut[1]. Aujourd'hui on en sourirait à peine, car le public des lecteurs ressemble actuellement à Mithridate : il a dégusté tant de poisons, il s'y est si bien accoutumé, que l'*assa fœtida* saupoudrée de strychnine lui semble fade. En somme, de quoi s'agissait-il? d'une histoire quelque peu décevante, entrecoupée d'incidences où l'auteur exprime ses opinions, qu'il éclaire parfois de quelques fusées paradoxales. Une jeune fille fort belle s'habille en cavalier et choisit ses aventures; elle sait reprendre son sexe à l'occasion et en faire bon usage; sous son double costume alterné, elle trouble les cœurs et disparaît un beau jour, en oubliant quelques perles de son collier près d'un oreiller où elle aurait mieux fait de ne point aller dormir. Ce sujet, Gautier l'a développé avec cet amour de la forme littéraire et ce respect de la langue qui, en toute son œuvre, se reconnaissent. Ce que l'on peut y relever d'incongru est excusé par la

---

1. Longtemps après, la critique férue de bons principes en est encore suffoquée : « L'immoralité du détail, l'extravagance du plan, la verve et l'éclat du style appelèrent sur cet étrange roman l'attention de la critique. Rarement, même en ces années de délire, on avait été plus fou, plus impertinent, plus bravache. » (*Dictionnaire de la Conversation*, 1859, t. X, p. 173, col. 2.)

recherche passionnée de la beauté abstraite; car
Gautier a singulièrement idéalisé la virago qui lui a
servi de modèle. Mademoiselle de Maupin n'est
point une personne imaginaire; elle fut célèbre à la
fin du xvii⁰ siècle et le souvenir n'en était pas encore
effacé au temps de mon enfance. Elle était fille d'un
secrétaire du comte d'Armagnac, s'appelait d'Au-
bigny, épousa un commis aux aides, nommé Maupin,
qu'elle quitta promptement pour courir la preten-
taine avec un maître d'armes qui en fit une bretteuse
de première qualité. Tantôt vêtue en homme, tantôt
vêtue en femme, très jolie, hardie, ayant toute sorte
de goûts baroques, elle mit le feu à un couvent et y
enleva une religieuse pour laquelle elle ressentait
quelque amitié. De grand air, douée d'une voix charmante, elle débuta à l'Opéra, où elle eut des succès en
chantant la musique de Lulli. Elle avait l'épée dangereuse, car à la suite d'une querelle de bal masqué
elle accepta trois duels immédiats, et tua, dit-on, ses
trois adversaires. De Paris elle se rendit à Bruxelles
où elle fut la maîtresse du comte Albert de Bavière.
Quelque scandale la fit expulser de Belgique, elle
alla en Espagne, revint en France, se vit dédaignée
par le public qui naguère l'avait acclamée, et entra
dans un couvent, où elle finit ses jours en 1707,
à l'âge de quarante-quatre ans.

Si *les Jeune-France* sont une protestation contre
les sottises extérieures de romantisme, on peut dire
que *Mademoiselle de Maupin* est un essai de réaction
contre la manie qui régnait alors de faire jouer à l'âme

un rôle dont elle devait être surprise et de mentir à l'amour en le réduisant à n'être — sans plus — que l'union des cœurs. Les esprits s'efforçaient de planer dans une sorte d'éther à la fois très pur et satanique, qui ne fut pas sans laisser quelque trace de ridicule sur bien des romans et bien des vers de ce temps-là. Il semblerait que Gautier eût voulu ramener vers les splendeurs de la terre une littérature qui s'égarait dans les images d'une fausse sentimentalité et d'un délire platonique, où elle ne trouvait que le vide et la boursouflure. Le livre n'en fut pas moins accusé d'être d'un sensualisme dévergondé et l'on n'en parla qu'en baissant les yeux. Il y a beaucoup d'hypocrisie dans les jugements du monde ; on y loue, avec des mines extatiques, des œuvres que, par bon ton, on a épelées en bâillant, et l'on détourne la tête, avec un geste réprobatif, en entendant prononcer le titre d'un roman que l'on a dévoré en cachette avec une curiosité surexcitée, sinon avec dépravation. Les femmes excellent à ce manège ; ce sont elles, en général, qui font le succès de ce que l'on nomme la littérature légère ; le livre qu'elles lisent n'est jamais sur leur table ; il est dans le tiroir, à moins qu'il ne soit sous l'oreiller.

Fortunio, publié dans *le Figaro* de 1837, que dirigeait Alphonse Karr, n'apaisa point la rumeur qui s'était élevée autour de *Mademoiselle de Maupin* ; au contraire, et l'accusation d'immoralité retentit de plus belle. Fortunio est une espèce de maharadjah hindou, fabuleusement riche, qui vient à Paris expéri-

menter ce que l'on y peut faire avec trop d'argent
les élégances de la vie parisienne lui semblent médiocres ; une fille entretenue se tue de désespoir en se
voyant abandonnée par lui lorsqu'il retourne vers
les bords du Gange, après avoir dit son fait à la civilisation moderne : « Adieu, vieille Europe qui te
crois jeune ; tâche d'inventer une machine à vapeur
pour confectionner de belles femmes, et trouver un
nouveau gaz pour remplacer le soleil — je vais en
Orient, c'est plus simple. » Il me semble que si Fortunio est si sévère, c'est qu'il a mal choisi son
monde. Les impressions qu'il reçoit sont mauvaises,
car elles ressortent naturellement de la compagnie
qu'il a fréquentée, la pire de toutes, celle des désœuvrés qui gaspillent une force sociale énorme, l'argent,
sans même savoir à quoi on pourrait l'utiliser ; celle
des belles filles qui trafiquent d'elles-mêmes et ven-
dent au plus offrant ce que nul ne peut acheter :
l'amour.

Fortunio s'en va, mécontent de son expérience
et déçu des illusions qu'il s'était faites. Aussi ne se
gêne-t-il pas et lâche-t-il de temps en temps quelques
aphorismes qui sonnent singulièrement à nos oreilles
européennes. Il émet des « opinions subversives »
et il « sape les bases », comme disaient les journaux
ministériels de l'époque, lorsque l'on n'était pas de
leur avis. — « Il ne hait que ses amis et se sentirait
assez porté vers la philanthropie si les hommes étaient
des singes ; il a de la peine à se retenir de couper la
tête des bourgeois qui l'ennuient ; il maudit la civi-

lisation qui n'a d'autre but que de jucher sur un
piédestal l'aristocratie des savetiers et des fabricants
de chandelles ; le bon Dieu sera obligé, un de ces
matins, de venir repétrir la boule du monde, aplatie
par ces populations de cuistres envieux de toute
splendeur et de toute beauté qui forment les nations
modernes ; les journaux contiennent des considé-
rations sur l'état des cabinets de l'Europe, écrites
par des gens qui n'ont jamais su lire et dont on ne
voudrait pas pour valets de chambre. »

« Démagogie littéraire », s'écrierait M. de Pongerville ; non pas ; mais boutades d'écrivain, fantaisie
d'artiste, cri de l'homme ennuyé qui s'imagine qu'il
serait mieux là où il n'est pas. « *Fortunio* est un
hymne à la beauté, à la richesse, au bonheur, les
trois seules divinités que nous reconnaissons ; » c'est
Gautier qui le dit dans sa préface, et l'on peut le
croire ; mais il ne s'aperçoit pas que l'hymne chanté
ressemble à un *de profundis*. Dans son roman, la
beauté ne suffit pas pour être aimée ; la richesse reste
impuissante, parce qu'elle ne vise que des satisfac-
tions matérielles ; le bonheur ne se rencontre point,
parce qu'on le demande à des jouissances éphémères.
Derrière les divinités qu'il évoque et auxquelles il
sacrifie, une quatrième s'est glissée, hostile aux
autres, toujours près de venir et invincible : la
satiété. Considéré sous cet aspect, le livre est moral ; mais on n'y vit que les théories exprimées, sans
se rendre compte du rôle lugubre joué par les personnages, de l'ennui qui les dévore et du dénoue-

ment qui les renvoie inassouvis, l'un à la mort, l'autre, à « l'abrutissement voluptueux si cher aux Orientaux ».

En vérité l'Europe, si vieille qu'elle soit, avait mieux à offrir à leur richesse, à leur curiosité, à leur intelligence. Le lecteur perspicace n'en doute point, quoique l'auteur ne l'ait pas dit. Derrière Fortunio on aperçut Gautier, et dans les paroles de cet Hindou désorienté à Paris on voulut voir l'expression des pensées de l'écrivain. Là où il n'y avait que l'œuvre d'une imagination exubérante, parce qu'elle était très jeune, on se plut à signaler une attaque en règle contre la société, et le pauvre Gautier fut traité de Turc à More par des gens qui volontiers eussent proclamé le chevalier de Lamorlière grand maître des élégances. La clameur ne fut point inutile au succès du livre, mais il serait possible que Théophile Gautier en eût été affecté, car, écrivant en 1863 à Sainte-Beuve pour lui donner quelques renseignements demandés, il lui disait : « *Fortunio* est le dernier ouvrage où j'aie librement exprimé ma pensée véritable ; à partir de là, l'invasion du *cant* et la nécessité de me soumettre aux convenances des journaux m'a jeté dans la description purement physique ; je n'ai plus énoncé de doctrine et j'ai gardé mon idée secrète [1]. »

Dès 1836, la couverture des livres édités par Renduel annonce : *le Capitaine Fracasse*. Commencé,

1 Spoelberch de Lovenjoul, *loc. cit.*, t. I, p. 103.

abandonné, continué, délaissé, modifié dans le plan général, repris et enfin terminé, ce roman ne fut publié que vingt-cinq ans plus tard, après avoir été écrit au fur et à mesure des exigences de *la Revue nationale*, qui le fit paraître sans interruption, du 25 décembre 1861 au 10 juin 1863. « C'est une lettre de change tirée dans ma jeunesse et que j'ai acquittée dans mon âge mûr », a dit Gautier. Largement acquittée, en effet, avec les intérêts composés. Dans l'œuvre en prose de Gautier, ce roman tient la place la plus considérable; *la Revue nationale* étant un recueil bimensuel, l'auteur eut, pour le faire, le temps matériel qui si souvent lui manqua, et s'y complut. Rien ne retenait son imagination, il put lui donner la volée, il en profita. Ce fut une sorte de repos dans son labeur et, comme il le disait lui-même en souriant, une oasis dans le désert du journalisme dramatique. Il aima les personnages qu'il créait, cela est visible; il s'attarde avec eux et place leur première rencontre dans les campagnes du pays natal, entraîné peut-être par un de ces souvenirs d'enfance chers à ceux que l'ombre de l'âge va bientôt atteindre et pour qui la vie a été sans clémence. Nul livre cependant n'est plus impersonnel; la date même en pourrait rester indécise; qui régnait en France lorsqu'il a été écrit: le fils de Marie de Médicis ou le fils de la reine Hortense? On en pourrait douter, car si, malgré une certaine tendance à rechercher la langue de la première période du XVIIe siècle, on sent à chaque ligne la maturité d'un maître contemporain,

le milieu où s'agitent les acteurs, leur façon d'être
est tellement de l'époque déterminée, que l'on croirait parfois lire un fragment de mémoires laissés
par quelque cadet du Béarn venu à Paris pour y
chercher fortune. Aventures de cape et d'épée,
incidents comiques, histrions en voyage, attaques
de brigands, coups de rapière, embuscades, enlè-
vements, générosité, bravoure, chevalerie, comme
tout se presse sous la plume de l'écrivain, et con-
court à former un ensemble charmant! Est-ce invrai-
semblable? on n'a pas le temps de s'en apercevoir; c'est presque un conte de fées; le dénouement
le ferait supposer, car les amoureux se marient et la
découverte d'un trésor enrichit le héros. C'est une
histoire merveilleuse, pleine de verdeur et de jeunesse; merveilleuse non seulement par les péripéties
qui en brodent la trame, mais par le talent qu'il a
fallu déployer pour la mettre en œuvre.

Je me figure que, bien souvent, après avoir
accompli sa tâche, après avoir pour la cinq centième
fois disserté sur le premier vaudeville venu ou loué
les sauts de carpe exécutés par une écuyère quel-
conque, Gautier, rentré dans sa petite maison de
Neuilly, a été heureux de se retrouver avec Isabelle
et le seigneur de Sigognac; il les a interrogés, il a
écouté leurs confidences, il s'est fait raconter ces
beaux combats qu'eût enviés un chevalier de la Table
Ronde, et dont le jeune gentilhomme gascon est toujours sorti vainqueur. Sous leur dictée il écrivait
avec joie, car si ce n'étaient des vers, c'était de la

poésie. Le souvenir du premier gîte, du château de
la Misère si extraordinairement dessiné, peint avec
une vigueur si poignante, domine tout le récit; on
devine que le chevalier qui en est sorti pauvre sur
son vieux cheval, escorté par son chien et son chat
attristés, accompagné pendant la première étape par
le serviteur de sa première enfance, y rentrera quelque jour et y sera reçu par le bonheur et la fortune;
on comprend qu'il échappera aux embûches, fera
tête au destin, triomphera des obstacles, et l'on sait
gré à l'auteur d'un récit où l'on ne rencontre ni
les tristesses, ni les préoccupations, ni les laideurs
quotidiennes. Quel service plus grand peut-on rendre
à ceux pour qui l'existence est grise et pesante? Ah!
que George Sand a eu raison de dire : « Nous
sommes une race infortunée et c'est pour cela que
nous avons un impérieux besoin de nous distraire
de la vie réelle par les mensonges de l'art; plus il
ment, plus il nous amuse. »

Dans l'œuvre de Gautier, *le Capitaine Fracasse* est
d'une contexture exceptionnelle; le roman a été
composé, « machiné »; ce n'est pas seulement un
meuble en marqueterie, comme on l'a dit, c'est un
meuble exécuté sur un plan médité et dont toutes
les parties ont été préalablement dégrossies avant
d'être sculptées par la main de l'artiste. Le fait est
à retenir, car Gautier est bien moins un romancier
qu'un conteur; la plupart de ses nouvelles, *Fortunio*
entre toutes, représentent la cristallisation de son
propre rêve. Cela ne doit pas surprendre, cela ne

pouvait être autrement, car Théophile Gautier a toujours été un rêveur. Sa prétendue nonchalance n'eut pas d'a_ _ e cause; il vivait dans une sorte de domaine interne où s'évoquaient naturellement de visions au milieu desquelles il se plaisait; lorsqu'un incident le forçait à quitter les apparitions qui lui étaient chères, il se dépitait : aussi fut-il souvent dépité. Volontiers il eût dit comme Gustave Droz « Le plus solide des biens de ce monde est un rêve auquel on s'attache et dans lequel on s'oublie. » Qu l'on se rappelle ce Tiburce qui est le héros de la Toison d'or. « Souvent il restait des journées entières sur son divan, flanqué de deux piles de coussins sans sonner mot, les yeux fermés et les mains pendantes. » Le portrait est frappant de ressemblance c'est Gautier, tel que ses amis l'ont connu, immobile dans sa rêverie, c'est-à-dire dans le travail intérieur Comme Tiburce encore, il était hardi en pensée timide en action. C'est là en effet un des caractère les plus saillants de sa nature : son imagination san frein était neutralisée par une timidité extrême et par l'horreur de l'action; c'était un contemplatif qui se contentait d'assister au dévergondage de son esprit peut-être était-ce simplement un sage qui savait que la fiction est supérieure à la réalité.

L'imagination n'est pas comme l'invention : l'un est indépendante de la volonté; l'autre en procède ou du moins y trouve de la force. L'homme peut évoquer sa volonté, il ne peut évoquer la rêverie elle vient, elle le saisit quand elle veut, *flat ubi vult* et elle lui raconte des histoires dont presque toujours il est le héros; histoires gaies, tendres ou terribles, histoires des temps oubliés ou des temps à venir; au hasard de la fantaisie elle mène le poète dans des milieux, dans des époques, dans des pays différents. Retombé sur terre, le poète se souvient de ces aventures qu'il vient de traverser sur les ailes de la chimère; il les écrit, peut-être pour prolonger le charme qu'il a éprouvé : une *nouvelle* est faite et le public applaudit. Gautier a été Fortunio, il a été Tiburce, il a été l'abbé Romuald, il a vu Omphale venir vers lui, il a été Octavien rêvant dans les rues de Pompéi, cet Octavien qui s'était composé un harem idéal avec Sémiramis, Aspasie, Cléopâtre, Diane de Poitiers, Jeanne d'Aragon et quelques autres belles dames du temps jadis.

C'est parce qu'elles ont été un épisode de sa vie intellectuelle que ses nouvelles sont simples, presque sans incidents, émues néanmoins et communiquant l'émotion dont elles palpitent. A cela on peut reconnaître celles qui sont nées de sa rêverie. Parfois le même fantôme est venu le visiter à long intervalle; la Clarimonde de *la Morte amoureuse* qui l'a reçu pour la première fois en 1836, se souvient de lui en 1852 et lui apparaît sous le nom d'*Aria Marcella*. Je crois qu'il serait exact de dire que ses maîtresses les plus chères ont été les grandes courtisanes, les reines, les princesses qui habitaient son cerveau et se substituaient peut-être, jusqu'à l'illusion, à des réalités décevantes : dans certains cas, le rêve éveillé

a autant de puissance que le rêve endormi. Tout ce
qui lui rappelait la civilisation moderne, qu'il trou
vait mal vêtue, étriquée, médiocre et d'une désespé-
rante monotonie, lui paraissait odieux; il n'a cessé
de le répéter; aussi sa rêverie, la bonne fée intime
et consolante, lui vient en aide; elle reconstitue pour
lui des civilisations envolées et le fait vivre, selon
son goût, dans des milieux dont la somptuosité
légendaire, quoi qu'en puissent croire les poètes,
n'a jamais été de ce monde. Qu'importe? ces splendeurs, il les crée pour lui-même; donc elles son
et il s'en délecte.

Il fait de longs voyages dans le passé, supérieurs au voyage en Espagne et au voyage en
Italie, car c'est le voyage au pays des traditions
embellies par le lointain des siècles. Il vit à Athènes
au temps de Périclès et c'est peut-être à lui que Bac-
chide de Samos a donné sa *chaîne d'or*; à Sardes, il
a vu le dernier rejeton de la race des Héraclides
périr sous les coups de Gygès amoureux de Nyssia
en Égypte, il a regardé les flots de la mer Rouge
engloutir l'armée de Pharaon, et plus tard, sous la
dynastie des Ptolémées, il a compté les pulsations du
cœur de Méiamoun tombant aux pieds de Cléopâtre.
C'est ainsi qu'il échappait à sa propre existence et
qu'il s'évadait de lui-même, pour aller se retremper
dans tous les temps, dans toutes les contrées, avec
des êtres de son choix qui le consolaient des bana-
lités ambiantes et lui faisaient des confidences qu'à
son tour il transmettait à ses lecteurs. Parfois même

il se sent emporté dans des régions fantastiques qui
n'ont rien de commun avec celles où l'alcool con-
duisait Hoffmann et Edgar Poë : ce qu'il en raconte
donne envie d'y aller.

Elles sont en prose, ces nouvelles, mais à chaque
ligne on comprend qu'elles ont été écrites par un
poète :

Même quand l'oiseau marche, on sent qu'il a des ailes.

Elles ont beau se dérouler souvent dans le royaume
de l'impossible, elles ont l'air d'être vraies, car elles
ont été intellectuellement vécues. Le sujet, je l'ai
déjà dit, est toujours d'une extrême simplicité, mais
l'écrivain a su le parer et l'envelopper, parfois jusqu'à le faire disparaître, d'une forme élégante et touf-
fue. L'imagination ne s'est pas ménagée et la mon-
ture de la pierre précieuse est souvent plus précieuse
que la pierre elle-même. C'est un art que savourent les
délicats, mais que n'apprécie pas toujours le public,
qui préfère les péripéties dramatiques aux raretés
de l'expression et à l'ingéniosité de la pensée.
Reste à savoir si, pour un véritable « amateur »,
un bijou ciselé par Benvenuto Cellini ne vaut pas
mieux qu'un diamant, fût-ce le Régent. En art, c'est
moins la matière que l'outil que l'on doit considérer.
Volontiers je comparerais les nouvelles de Théophile
Gautier à ce petit palais qu'il vit sur le Grand Canal
de Venise et qu'il eut envie d'acheter : « Il y a entre
deux grands bâtiments un palazzino délicieux qui se
compose d'une fenêtre et d'un balcon; mais quelle

fenêtre et quel balcon! une guipure de pierre, des enroulements, des guillochages et des jours qu'on ne croirait possibles qu'à l'emporte-pièce, sur une de ces feuilles de papier qui recouvrent les dragées de baptême. » Une fenêtre, un balcon : c'est peu, mais à un sculpteur comme Gautier cela suffit pour charmer les yeux de ceux qui savent regarder.

Parfois sa rêverie lui a montré des personnages imaginaires qui causaient, se passionnaient et se mouvaient comme des acteurs sur la scène d'un théâtre. Il en est résulté une de ses plus douces, une de ses plus originales fantaisies : *Une Larme du diable*. Le prologue de cette idylle semble avoir été inspiré par le début du *Faust*, de Goethe, qui lui-même procède de la première scène du drame de *Job* : on peut faire de plus mauvaise rencontre. Ce « mystère » où tout sourit, faillit valoir une mésaventure à Théophile Gautier, lorsque en 1855 on le réunit à d'autres pièces dans un volume intitulé : *Théâtre de poche*. Le bon Dieu, supplié par Magdalena de pardonner à Satanas, répond : « L'arrêt est irrévocable. Je ne puis pas me parjurer comme un roi de la terre. »

En ce temps-là, le parquet, comme l'on dit au Palais de Justice, n'avait qu'une tendresse modérée pour la littérature ; Gustave Flaubert et Baudelaire en ont su quelque chose lorsqu'ils eurent à s'asseoir sur les bancs de la police correctionnelle, ce qui, naturellement, hâta l'éclosion de la célébrité due à leurs œuvres. Dans cette phrase, la magistrature vit

une allusion perfide au 2 Décembre et au parjure
du président de la République devenu l'empereur
Napoléon III. Le cas était pendable. Gautier fut
mandé devant quelque procureur impérial qui lui
signifia qu'il allait être poursuivi devant le tribunal
compétent, ainsi que son éditeur, et que pour eux il
y allait de la prison. Gautier, qui n'avait qu'un goût
modéré pour le martyre, était consterné et disait :
« Sont-ils bêtes, ils veulent m'envoyer à la Bastille! »
Il put, heureusement, démontrer que cette *Larme
du diable*, attentatoire à la sûreté de l'État, n'était
qu'une réimpression; que la première édition avait
paru en 1839 sous le régime de la monarchie parle-
mentaire. Dès que l'on eut la preuve que l'allusion
déplaisante n'avait pu s'adresser qu'au roi Louis-
Philippe, elle ne méritait plus que des éloges
et on laissa Gautier en repos; mais l'alerte lui
avait été désagréable et il en a gardé mauvais
souvenir.

Quoique Gautier eût excellé dans le dialogue,
comme le démontre *Une Larme du diable*, quoiqu'il
ait fait représenter deux pièces et qu'il ait laissé
d'importants fragments d'une comédie en vers à
laquelle il a travaillé pendant plusieurs années, on
ne peut dire de lui, sans forcer la vérité, qu'il ait été
un auteur dramatique [1]. Il vivait de rêveries, de

---

1. La pièce à laquelle je fais allusion est intitulée :
L'Amour souffle où il veut; d'après un traité signé au mois
de février 1850, elle était destinée à la Comédie-Française.
Gautier avait eu aussi l'intention de faire une *Orestie*, il l'a

poésie, de fantaisies qui avaient besoin de l'espace
pour développer leur vol; le théâtre existe surtout
par l'action, par l'effet issu de combinaisons plus ou
moins vraisemblables que des expressions connues,
souvent répétées, sorte de lieux communs acceptés,
signalent à l'attention et, s'il se peut, aux applaudissements du public. Pour se mouvoir à l'aise dans ce
cadre étroit, pour mettre en œuvre la progression
des sentiments par une série graduée de faits qui se
succèdent, il faut un art particulier, une sorte de
don naturel, que la réflexion et l'expérience peuvent
accroître, mais que l'on ne saurait acquérir si l'on
n'en a trouvé le germe dans son propre tempérament. Or, ce don naturel, Théophile Gautier ne le
possédait pas, et je crois que, malgré ses tentatives
il savait à quoi s'en tenir à cet égard. Écoutez-le

« Le théâtre exclut absolument la fantaisie. Les idées
bizarres y sont trop en relief, et les quinquets jetten
un jour trop vif sur les frêles créatures de l'imagination. Les pages d'un livre sont plus complaisantes
le fantôme impalpable de l'idée se dresse silen-
cieusement devant le lecteur, qui ne le voit que des
yeux de l'âme. Au théâtre, l'idée est matérielle, on la
touche au doigt dans la personne de l'acteur, l'idée
met du plâtre et du rouge, elle porte une perruque
elle est là sur ses talons, près du trou du souffleur

même commencée. Les vingt-huit vers de la première scène
les seuls qu'il ait écrits, prouvent qu'il avait pris son in
spiration dans Eschyle, mais qu'il ne voulait tenter ni un
traduction, ni une imitation.

tendant l'oreille et faisant la grosse voix... Tout ce
qui s'écarte d'un certain nombre de situations et de
paroles convenues paraît étrange et monstrueux :
c'est ce qui fait que l'innovation au théâtre est la
plus difficile et la plus dangereuse de toutes ; presque
toujours la scène neuve fait tomber une pièce, il n'y
a pas d'exemple qu'une situation banale ait com-
promis un succès. » Et après quelques autres consi-
dérations, il ajoute : « L'ode est le commencement
de tout, c'est l'idée ; le théâtre est la fin de tout,
c'est l'action ; l'un est l'esprit, l'autre est la matière.
Ce n'est que dans leur vieillesse que les sociétés
ont un théâtre ; dans leur décrépitude, quand elles
ne peuvent plus supporter le peu d'idéalité que le
théâtre contient, elles ont la ressource du cirque.
Après les comédiens, les gladiateurs ; car l'effet de
toute civilisation extrême est de substituer la matière à l'esprit et la chose à l'idée. » Ceci a été
écrit en 1834. Est-ce à Théophile Gautier ou à Théophile de Viau que l'auteur des *Grotesques* a pensé en
parlant ainsi ?

Gautier a toujours aimé l'art abstrait, qu'il a pratiqué autant qu'il a pu ; c'est pourquoi il est, dans
son jugement, sévère pour le théâtre, auquel il
reproche d'avoir besoin de tant d'éléments acces-
soires convergeant au même but, pour produire l'illusion nécessaire. Cette illusion, il eût voulu l'obtenir
de la poésie seule, qui ne la comporte pas et qui ne
peut agir sur le public, comme peut le faire l'action
dramatique entourée de tous les moyens qui la sou-

tiennent et la font valoir. En revanche, il s'amusa —
c'est le vrai mot — à mettre ses visions sur la scène,
à les environner de l'éclat des décors et des costumes,
à y faire agir des groupes de femmes manœuvrant
en cadence aux sons de la musique, afin de leur
donner l'apparence féerique sous laquelle il les avait
aperçues. On dirait que c'est pour matérialiser ses
propres rêves qu'il a fait des ballets, *Gizelle, la
Péri, Sakountala*, qui n'ont pas été surpassés et qui,
jusqu'à présent du moins, semblent être restés des
modèles inimitables. *Gizelle* fut, la première fois,
représentée à l'Opéra le 28 juin 1841. Sans insister,
j'indique aux futurs biographes de Théophile Gautier que c'est à cette date qu'il conviendra de chercher ce que les Allemands nommeraient le point
tournant de son existence.

Critique littéraire, d'art et de théâtre, récits de
voyages, contes, romans, nouvelles, comédies et
ballets, Gautier a touché à tout avec un talent qu'on
ne lui conteste pas; toujours au labeur et toujours
réparant ses forces épuisées. Si on lui eût demandé
ce qu'il préférait dans son œuvre, je suis certain
que, se souvenant des vers d'Alfred de Musset, il
eût répondu :

J'aime surtout les vers, — cette langue immortelle...
..... Elle a cela pour elle
Que les sots d'aucun temps n'en ont su faire cas,
Que le monde l'entend et ne la parle pas.

CHAPITRE V

LE POÈTE

Dans la lettre dont j'ai déjà cité un fragment, Théophile Gautier écrivait à Sainte-Beuve : « Si j'avais eu la moindre fortune personnelle, je me serais livré uniquement à l'amour du vert laurier; » et il se plaint d'être tombé dans la prose; on a pu voir que la chute n'avait point été mortelle, car il excellait aux deux formes littéraires par où les penseurs et les rêveurs communiquent avec les foules. Ce regret de ne pouvoir être exclusivement poète a hanté sa vie; déjà en 1841 il avait écrit sur un album :

> O poëtes divins! je ne suis plus des vôtres
> On m'a fait une niche où je veille, tapi
> Dans le bas d'un journal, comme un dogue accroupi.

En réalité, tout ce qui, au cours de son existence, l'a détourné de la poésie, à laquelle il revenait sans cesse avec passion, lui a paru un attentat dirigé non

seulement contre sa volonté, mais contre le plus
impérieux besoin de sa nature. Il ne prisait point si
haut l'art des vers lorsqu'il a débuté en 1830, car il
fait dans la préface des *Poésies* une confession à
laquelle on fera bien de ne croire qu'à moitié : « L'auteur du présent livre est un jeune homme frileux et
maladif qui use sa vie en famille avec deux ou trois
amis et à peu près autant de chats ; un espace de
quelques pieds où il fait moins froid qu'ailleurs, c'est
pour lui l'univers. Le manteau de la cheminée est
son ciel, la plaque son horizon. Il fait des vers pour
avoir un prétexte de ne rien faire, et ne fait rien sous
prétexte qu'il fait des vers. » Allure d'un conscrit de
lettres, ne sachant pas encore que la sincérité doit
être la première qualité de tout galant homme qui
tient une plume : pour se donner quelque importance, le jeune homme de dix-neuf ans feint de ne
pas se prendre au sérieux ; c'est naturel, mais il
serait mal satisfait si on l'en croyait sur parole.

De ce volume, tombé au milieu de la bagarre sou-
levée par les ordonnances royales du 25 juillet 1830,
il n'y a rien à dire ; on ne peut que rappeler la déclaration placée par Alfred de Musset en tête des *Contes
d'Espagne et d'Italie* : « Mes premiers vers sont d'un
enfant. » La jeunesse chante instinctivement, comme
l'oiseau ; elle s'enivre à sa propre mélodie ; elle en
conçoit des espérances qui, le plus souvent, ne tar-
dent pas à être déçues, car ce qu'elle a pris pour des
promesses n'est que la voix des illusions. Combien
d'adolescents, à peine sortis des langes universi-

taires, les yeux levés vers le ciel, se sont cru guidés par une étoile et n'ont suivi qu'un feu follet. Ce ne fut pas le cas pour Gautier, qui était un mage de la poésie; l'astre qu'il avait vu briller à l'aube de son printemps n'avait rien perdu de son éclat au crépuscule de son automne; l'astre était moins rouge peut-être, moins « truculent », aurait-il dit, mais d'une lueur plus étincelante, persistante et nimbé de rayons d'or.

En poésie, le véritable début de Théophile Gautier fut *Albertus*, un poème fantastique, qui fit du bruit en son temps et qui est le gage d'adhésion qu'il donna au romantisme. Le volume est daté de 1832; les vers en ont été composés au cours de l'année précédente; le poète avait donc vingt ans : c'est aussi l'âge du poème. Le choix seul du sujet indique la date, on ne s'y peut méprendre. Gautier a raconté, dans *les Jeune-France*, l'histoire de Daniel Jovard, classique convaincu qui se convertit au romantisme et se fait hugolâtre, après avoir été baptisé au nom des *Odes et Ballades*, de la préface de *Cromwell* et de *Hernani*. Avant d'avoir reçu le coup de foudre, il s'écrie :

O muses! chastes sœurs, et toi, grand Apollon,
Daignez guider mes pas dans le sacré vallon;
Soutenez mon essor, faites couler ma veine,
Je veux boire à longs traits les eaux de l'Hippocrène.

Mais aussitôt — mort et damnation! — qu'un souffle vertigineux a pénétré sa poitrine d'homme, il change de ritournelle; il déserte le chœur mené par Phœbus le violoneux et, d'une haleine, s'en va tout droit au Sabbat, — je voulais dire au charivari :

> Par l'enfer! je me sens un immense désir
> De broyer sous mes dents sa chair, et de saisir,
> Avec quelque lambeau de sa peau bleue ou verte,
> Son cœur demi-pourri dans sa poitrine ouverte!

Que le lecteur se rassure. Théophile Gautier n'est pas Daniel Jovard et sa poésie est moins cadavérique. C'est bien plus par le sujet que par la facture du vers qu'*Albertus* appartient résolument au romantisme, et j'entends au romantisme violent de parti pris, ultra-révolutionnaire, qui ne savait qu'imaginer pour être abracadabrant, macabre et frénétique. Une sorcière décrépite se change, à l'aide de ses philtres en une jeune femme d'une irrésistible beauté; elle attire chez elle le peintre Albertus, pour lequel elle est férue d'amour, le grise, s'en fait aimer sans restriction, redevient une horrible vieille, enfourche son ballet et conduit au Sabbat son amant d'une heure, que l'on retrouve, le lendemain, sur la voie Appia, « les reins cassés, le col tordu ». Lorsqu'il a terminé son récit, qui n'a pas moins de quatorze cent soixante-quatorze vers, le poète, pour se reposer, s'installe auprès du feu :

> Donnez-moi la pincette et dites qu'on m'apporte
> Un tome de Pantagruel.

Le vers est beaucoup moins échevelé, beaucoup moins « fantastique » que ne le ferait supposer le thème baroque emprunté à quelqu'un de ces contes d'une moralité naïve et grossière dont on se délectait, tout en tremblant, dans les veillées campagnardes du moyen âge. Si les mots ont parfois une saveur un peu épicée, si l'expression vise à une originalité qu'elle atteint presque toujours, le vers est bon, solide et ne fait pas trop le grand écart sous prétexte d'enjambements hardis ; il est jeune — quel joli défaut ! — mais, à le voir vigoureux et fringant, on devine que la maturité le saisira bientôt pour lui donner cette forme robuste et saine qu'il n'abdiquera jamais. J'ai pris grand plaisir à relire *Albertus* ; c'est bien le poème de la prime jeunesse, de l'âge des audaces, des escalades et de l'infatigable ardeur. Gautier en parlait avec une sorte de tendresse paternelle ; il l'aimait, un peu comme l'on aime ces vieux airs, entendus aux heures de l'enfance et qui réveillent des souvenirs où l'âme retrouve de chères impressions.

A d'autres points de vue, ce poème est intéressant, car il reproduit les idées ambiantes de l'époque. Gautier venait de sortir de l'atelier de Rioult, mais ce n'est pas à cela qu'il faut attribuer l'abus des noms de peintre qui se rencontrent dans *Albertus,* — six dans les trois premières strophes. — Le cénacle avait rêvé d'unir la littérature et la peinture ; mariage de raison que le divorce rompit bientôt et devait rompre, car la genèse et les procédés de ces deux arts, le but qu'ils cherchent à atteindre, l'impression qu'ils peuvent produire offrent de telles

différences qu'il y a entre eux « incompatibilité
d'humeur ». Bien mieux encore que pour le théâtre,
Gautier aurait pu dire : « L'une est l'idée, l'autre
est la matière ». Les tendances de l'école romantique en peinture sont nettement indiquées, sans
que l'auteur ait paru s'en douter. Albertus est peintre ;
on conduit le lecteur dans son atelier, où les toiles
ébauchées expliquent les préoccupations qui domi-
naient alors dans le monde des artistes :

> Autour du mur beaucoup de toiles accrochées...
> ...La Lénore à cheval, Macbeth et les Sorcières,
> Les Infants de Lara, Marguerite en prières.

Cela n'a l'air de rien, et c'est beaucoup. L'école de
David avait adopté le nu, qui est la créature humaine
abstraite, et la draperie antique, qui est le costume
abstrait ; c'était d'exécution difficile et l'apprentis-
sage était long. Il est certain que les Thésée, les
Achille, les Hector étaient fastidieux quand ils
n'atteignaient point la beauté parfaite ; on leur sub-
stitua des personnages historiques, légendaires ou
romanesques, portant le haut-de-chausses, le pourpoint, la botte montée au-dessus du genou. Il en
résulta que le nu disparut, qu'au lieu de peindre
l'homme on peignit des étoffes et que l'étude de
l'anatomie, à laquelle l'enseignement du dessin
donnait tant de soin avant 1830, est actuellement si
bien négligée, qu'elle n'existe plus, au grand préjudice de l'art. En résumé, c'est le romantisme qui
a remplacé la peinture historique par la peinture

anecdotique; la dimension souvent excessive des
toiles où elle se répand ne lui apporte pas les
qualités qui lui manquent pour être de la grande
peinture.

L'exagération des sentiments, mise à la mode par
Hernani :

> Oh! qu'un coup de poignard de toi me serait doux!

l'énormité des métaphores, familière au romantisme
naissant, se montrent dans quelques strophes et
prouvent à quel point on était fatigué des comparaisons incessamment répétées où se complaisaient les
classiques. Gautier, qui devait être si scrupuleux
dans l'emploi des images, qui devait dire : « Mes
métaphores se tiennent, tout est là, » Gautier en écrivant *Albertus* ne peut se refuser à des expressions
démesurées; une lettre que l'on jette au feu se tord
comme un damné de Dante; Véronique (la sorcière)
écrit un billet :

> .....Sa main rapide en son essor,
> Comme un cheval de course à New-Market, à peine
> Effleure le papier.

Cette enflure, qui à force de boursoufler les mots les
fait paraître vides, Gautier ne l'a pas encore répudiée;
écoutez la déclaration d'amour qu'Albertus décoche à
sa belle :

> Un ange, un saint du ciel, pour être à cette place,
> Eussent vendu leur stalle au paradis de Dieu,
>   .....et je vendrais mon âme
> Pour t'avoir à moi seul, tout entière et toujours.

Que de fois on répétera cette phrase qui deviendra aussi banale que l'aurore aux doigts de rose; elle restera dans le glossaire romantique, et si Gautier la fait vibrer dans une de ses strophes, il me paraît excusable, car il n'est pas encore majeur. On dirait qu'il a fourni le thème que tant d'autres doivent reprendre. Le maître lui-même, dans le rayonnement de sa gloire, n'a pas dédaigné en 1838 de faire parler Ruy Blas comme Albertus parlait en 1832 :

> Oh! mon âme au démon, je la vendrais....
> Oui, je me damnerais!...

C'est à cause de son exagération même que cette pensée a été si souvent reproduite; elle n'est sans doute devenue un lieu commun que parce qu'elle a été admirée quand elle a été exprimée pour la première fois.

Le romantisme avait révolutionné l'art théâtral, d'abord en particularisant les faits au lieu de les généraliser, mais surtout en remplaçant les récits de la tragédie par l'action du drame. Au lieu de raconter la mort d'Hippolyte et le trépas de Phèdre, on les eût mis en scène. Que l'on se souvienne des drames de Victor Hugo, prose ou vers, pas un qui n'ait son meurtre comme ceux de Shakespeare. La nouvelle école avait à sa disposition une pharmacie spéciale pleine de poisons, « qui, mêlés au vin, changent du vin de Romorantin en vin de Syracuse », et de contrepoisons « que personne ne connaît, personne, excepté le pape, M. de Valentinois et Lucrèce

Borgia »; elle possédait également une coutellerie
gentiment assortie qui permettait de tuer à coup sûr.
On se plaisait à ces brutalités, et cinq cercueils
escortés de moines en cagoule n'étaient point pour
mécontenter les spectateurs. Si le romantisme a
commis quelques excès, il faut reconnaître qu'il avait
le public pour complice. Au théâtre on ne devait
rien cacher; dans les poèmes, dans les romans on
devait tout dire, en tenant cependant un certain
compte de la pudibonderie bourgeoise et en ne heur-
tant pas de front les préjugés de la police correctionnelle. Les nuages dont Homère enveloppe Jupiter
et Junon sur le mont Ida n'étaient plus de mise dans
le ciel romantique qui voulait se dévoiler tout entier;
là où le bon Marmontel eût dit, comme dans *les Incas* :
« Ses yeux parcourent mille charmes », on détaillait
les charmes scrupuleusement, par amour de l'art.
C'était la loi. Théophile Gautier n'essaya point de
l'éluder. Au moment où Albertus va entamer avec
Véronique un de ces entretiens particuliers qui ga-
gnent à rester secrets, le poète prend la parole et
dit :

> C'est ici que s'arrête en son style pudique,
> Tout rouge d'embarras, le narrateur classique....
> ...Moi qui ne suis pas prude et qui n'ai pas de gaze,
> Ni de feuille de vigne à coller à ma phrase,
> Je ne passerai rien.

En effet il ne passe rien et « les rires frénétiques » se
mêlent dans de justes proportions à « des rires extatiques », entrecoupés de quelques mots italiens. La pas-

sion littéraire le voulait ainsi; dans certains poèmes, dans certains romans signés de noms célèbres en ce temps-là, on trouverait sans peine des descriptions qui n'ont certainement pas été faites *ad usum Delphini.* Après *Albertus,* Théophile Gautier publia : *la Comédie de la mort,* poème auquel sont réunies les poésies composées de 1833 à 1838. L'auteur a précisé les dates : « A une heure après midi, jeudi 25 janvier 1838, j'ai fini ce présent volume : gloire à Dieu et paix aux hommes de bonne volonté. » Le livre fut édité par Désessart, qui ne le paya pas [1].

Je ne serais pas surpris que *la Comédie de la mort* eût été, non pas inspirée, mais suscitée par l'*Ahasvérus* d'Edgar Quinet, qui eut un prodigieux retentissement lorsqu'il parut en 1833, soulevant des problèmes dont plus d'un esprit d'élite fut troublé. Interroger la vie, interroger la mort pour découvrir à quelle fin l'homme a été créé, c'était tentant pour un poète, même lorsqu'il sait que ni la mort ni la vie ne pourront répondre à la question que l'humanité s'est posée depuis sa naissance et qu'elle se posera tant qu'elle existera. C'est l'inconnu, c'est l'insoluble. Après tant d'autres, Théophile Gautier a voulu tourner autour du problème et il a écrit le poème auquel il eût pu donner pour épigraphe la dernière parole que prononça Walter Raleigh, avant

1. Au mois d'avril 1890, j'ai marchandé chez un bouquiniste un exemplaire de la première édition de ce volume, grand in-octavo de 376 pages, en bel état de conservation; le prix était de 300 francs.

d'aller s'agenouiller sur l'échafaud que le successeur de son ancienne maîtresse, Jacques Ier, avait fait dresser pour lui : « Le temps a emporté nos joies et notre jeunesse; un peu de poussière dans une fosse sombre et silencieuse, voilà tout ce qui restera de nous. »

Le poète erre parmi les sépulcres; les morts lui parlent, lui livrent leur secret qui ne lui apprend rien, car il en sait autant qu'eux, puisque c'est sa propre pensée qu'il exprime par leur voix d'outre-tombe. Raphaël croit que le genre humain est mort parce que l'on ne sait plus peindre; le docteur Faust, accablé du néant de la science, donne le précepte que tout sage devrait écouter :

> Ne cherchez pas un mot qui n'est pas dans le livre;
> Pour savoir comme on vit n'oubliez pas de vivre :
> Aimez, car tout est là !

Don Juan, le don Juan légendaire, l'homme des rapts, des séductions, de l'impiété, ce type du « libertin » comme le comprenait le XVIIe siècle, qui n'avait pas inventé « le libre penseur » que nous rencontrons aujourd'hui, n'est pas plus satisfait que Faust; lui aussi, il reconnaît son erreur :

> Trompeuse volupté, c'est toi que j'ai suivie,
> Et peut-être, ô vertu ! l'énigme de la vie,
> C'est toi qui la savais.

Gautier fait de don Juan un homme qui cherche, à travers la foule des femmes, l'idéal de la femme entrevu dans son rêve; soit : mais alors ce ne doit être que pour pouvoir aimer. Don Juan, tel que je le conçois, ne se soucie guère d'être aimé; il voudrait aimer et ne le peut, ce qui le fait fils de Satan.

Napoléon, « ce prince souverain patron des actes hasardeux », comme eût dit Montaigne, apparaît à son tour; la gloire, l'ambition, le fracas des batailles, la fanfare des triomphes, qu'est-ce que cela? Au lieu d'être un conquérant, dont le nom a rempli le monde et sonnera en toute postérité, ne vaut-il pas mieux être un chevrier et jouer de la flûte à sept trous pour plaire à Galatée. Donc aucun de ces trépassés choisis parmi les plus retentissants, parmi les plus enviés, n'a été content de son sort. C'est en cela qu'ils ressemblent aux vivants. Dans cet interrogatoire le poète n'a rien appris; eût-il questionné le Çakya-Mouni, Mahomet et Moïse, il n'en saurait davantage. Courte ou longue, malheureuse ou prospère, la vie reste un problème indéchiffrable; c'est pourquoi toute hypothèse est permise pour la prolonger ou la ranimer au delà des limites terrestres, car par elle-même, isolée des suites que lui attribuent les conceptions humaines, elle est incompréhensible.

La Comédie de la mort paraît être l'adieu de Gautier au romantisme; l'influence en est encore très sensible, aussi bien dans la pensée qui a inspiré les vers que dans la forme dont ils sont revêtus, plus tard il s'en dégage; son originalité apparaît dépouillée de toute réminiscence et enfin libre. Les vers placés à la suite de ce poème funèbre sont exempts du désespoir romantique dont l'expression est si

excessive que l'on n'y croit guère ; mais on y retrouve
des traces fréquentes de cette mélancolie maladive
qui, à cette époque, a conduit tant de jeunes hommes
au suicide. Gautier avait alors environ vingt-cinq ans ;
c'est l'âge des tristesses sans motif, des alanguis-
sements sans cause. Il n'y échappe pas :

> Allez dire qu'on creuse
> Sous le pâle gazon
> Une tombe sans nom.
> Hélas ! j'ai dans le cœur une tristesse affreuse !

Dans *Thébaïde*, qui est un appel au Nirvanâ, dans *le
Trou du serpent*, dans *le Lion du cirque*, on peut, sans
longue recherche, trouver preuve du marasme auquel
les rêveurs sont exposés plus que tout autre. Cette
note triste, qui murmure comme un sanglot étouffé,
n'a rien de voulu ; elle est naturelle, et n'est que
l'indice d'un état d'âme. Cela est si vrai, que dans
Ténèbres, une fort belle pièce écrite en 1837, Gautier
donne un vers qui semble avoir été composé pour
servir de devise à son existence entière, à son existence résignée et parfois si dénuée :

> Je suis las de la vie et ne veux pas mourir !

Ces chants lugubres ne durent pas, ils s'évanouis-
sent comme des nuages que dissipe un souffle de
vent ; le soleil reparaît, le poète se ressaisit et il
exulte quand il a bien travaillé :

> Par Apollo ! cent vers ! je devrais être las ;
> On le serait à moins, mais je ne le suis pas.
> Je ne sais quelle joie intime et souveraine
> Me fait le regard vif et la face sereine.

Il chante l'amour, les bois, la verdure, le premier
rayon de mai ; il a oublié Albertus, et Véronique, et
le sabbat, et les dagues de Tolède, et les pourpoints
tailladés ; de son vêtement d'emprunt, il n'a rien
gardé. Lorsque la vie pèse trop lourdement sur lui,
il n'invoque ni les anges, ni les démons, il adresse
un hymne au

Sommeil, dieu triste et doux, consolateur du monde

Ainsi, à l'âge où toute exubérance est permise, où
quelque folie même n'est pas déplacée, il fait l'école
buissonnière hors du collège romantique, trouve sa
voie et la suit imperturbablement. Beaucoup ne l'ont
point imité, par cela seul qu'ils étaient loin, très
loin d'avoir sa valeur. Ils se sont entêtés dans des
formes que l'excès même a rendues immédiatement
aussi surannées que les formes empruntées au pseudo-
classique ; n'ayant point une pensée qui leur appar-
tînt en propre, ils ont dénaturé les pensées d'autrui
qu'ils ne comprenaient pas, ils ignoraient que vouloir être original, quand on ne l'est pas naturellement, conduit au ridicule, et ils ont jeté du discrédit
sur le mouvement que Victor Hugo, Lamartine, Alfred
de Musset, Théophile Gautier ont fait éclater avec
tant de puissance. Gautier a écrit *les Grotesques* d'autrefois ; si quelque critique avisé veut rechercher
les grotesques de la poésie romantique depuis 1830
jusque vers 1845, je lui promets une anthologie qui
ne sera pas à dédaigner pendant les jours de spleen.
Dans l'auteur des vers complétant le volume de *la*

Comédie de la mort, et dont les plus jeunes datent de 1838, il n'est pas difficile d'apercevoir l'artiste qui peindra les *Émaux* et sculptera les *Camées*. Certaines petites pièces, exquises de facture et de couleur, semblent les sœurs de celles qui naîtront dix ans plus tard et seront, pour ainsi dire, les filles préférées, les consolatrices du poète attristé. Le rythme est différent, mais le sentiment est le même, et c'est bien le futur auteur de *Coquetterie posthume*, qui a écrit :

> Celle que j'aime à présent, est en Chine;
> Elle demeure, avec ses vieux parents,
> Dans une tour de porcelaine fine,
> Au fleuve jaune où sont les cormorans.

Et bien d'autres que l'on pourrait citer et que le lecteur a déjà nommées : *la Caravane, la Chimère, le Sphinx* et *Pastel*, que l'on ne peut se lasser de répéter.

Dans ce volume, les vers octosyllabiques sont rares, et cependant ce sera la forme définitive adoptée par Théophile Gautier. Déjà dans son étude sur *Scarron* il s'y attache; il la loue et la préconise. « Le vers de huit syllabes à rimes plates, dit-il, offre des facilités dont il est malaisé de n'abuser point. Entre les mains d'un versificateur médiocre, il devient bientôt plus lâche et plus rampant que la prose négligée, et n'offre, pour compensation à l'oreille, qu'une rime fatigante par son rapprochement. Bien manié, ce vers, qui est celui des romances et des comédies espagnoles, pourrait produire des effets neufs et variés;... il nous paraît plus propre que l'alexandrin, pompeux et redondant;... il nous épar-

gnerait beaucoup d'hémistiches stéréotypés, dont
il est difficile aux meilleurs et aux plus soigneux
poètes de se défendre, tant la nécessité des coupes
et des rimes du vers hexamètre les ramène impé-
rieusement. » Ce vers de huit syllabes, assez dédaigné
jadis, presque exclusivement réservé aux bouffon-
neries et que l'on nommait le vers burlesque, Théophile Gautier s'en est emparé et en a fait le moule
de précision où il a jeté sa pensée.

Dans le volume des *Émaux et Camées*, dans ce
volume auquel il l'a travaillé pendant les vingt dernières années de sa vie, il n'a employé, sauf pour
trois pièces, que les strophes de quatre vers octosyllabiques à rimes alternées, et en a tiré un parti
remarquable. Chacune des cinquante-cinq pièces qui
composent ce recueil est un bijou ciselé de main de
maître, ciselé avec lenteur, avec prédilection, souvent corrigé, toujours amélioré. Dès qu'il se sentait
libre et qu'il avait du loisir — « le loisir, cette dixième
Muse et la plus inspiratrice », a-t-il dit —, il se réfu-
giait en lui-même, se refusant à toute préoccupation
inférieure et il reprenait pour lui, pour sa propre
jouissance, ce travail de poésie qu'il a tant aimé. Il l'a
raconté, précisément dans les *Émaux et Camées*, en
termes que je citerai, car ils donnent une idée très nette
de la solidité de son vers et du relief qu'il en obtient :

> Mes colonnes sont alignées
> Au portique du feuilleton ;
> Elles supportent, résignées,
> Du journal le pesant fronton.

Jusqu'à lundi je suis mon maître.
Au diable, chefs-d'œuvre mort-nés !
Pour huit jours je puis me permettre
De vous fermer la porte au nez.

Les ficelles des mélodrames
N'ont plus le droit de se glisser
Parmi les fils soyeux des trames
Que mon caprice aime à tisser.

Voix de l'âme et de la nature,
J'écouterai vos purs sanglots,
Sans que les couplets de facture
M'étourdissent de leurs grelots.

Et portant, dans mon verre à côtes,
La santé du temps disparu,
Avec mes vieux rêves pour hôtes,
Je boirai le vin de mon cru ;

Le vin de ma propre pensée,
Vierge de toute autre liqueur,
Et que, par la vie écrasée,
Répand la grappe de mon cœur.

Cette petite pièce toute personnelle, à la fois si
délurée et si triste, semble être un avis au lecteur,
car elle est immédiatement suivie de celle que le
poète a faite pendant ses vacances de feuilletoniste :
le Château du Souvenir. Il est seul, au coin de l'âtre,
par un temps brumeux : les fantômes de son enfance
et de sa jeunesse viennent lui tenir compagnie ; ils
peuplent sa solitude, et leurs voix indécises parlent
des choses d'autrefois, des bonnes choses du temps
passé que l'on croit oubliées, qui ne sont qu'endor-
mies et qui se réveillent aux heures de la mélancolie ; les premières demeures estompent leur sil-
houette à l'horizon voilé, les premières maîtresses

reviennent et semblent se relever de leur tombe
dans l'attitude dont le cœur a conservé l'image :
celle dont la beauté éclate comme une grenade en
été, celle qui est une fleur de pastel, une ombre en
habit de bal, celle qui ressemble à la Vénus méchante
présidant aux amours haineux, et à laquelle on peut
dire :

> O toi qui fus ma joie amère,
> Adieu pour toujours... et pardon!

Les anciens compagnons du Cénacle se dressent à
leur tour et sonnent la fanfare des jeunes années; le
poète se revoit lui-même, à peine se reconnaît-il; c'est
bien lui cependant, le portrait ne laisse aucun doute :

> Dans son pourpoint de satin rose,
> Qu'un goût hardi coloria,
> Il semble chercher une pose
> Pour Boulanger ou Devéria.

> Terreur du bourgeois glabre et chauve,
> Une chevelure à tous crins
> De roi franc ou de lion fauve
> Roule en torrent jusqu'à ses reins.

Il s'attarde auprès de ses souvenirs, avec eux il
revit l'âge qu'il regrette, le passé le pénètre d'un
charme auquel il voudrait s'abandonner; mais le présent, toujours exigeant, toujours inopportun, frappe
à sa porte, l'arrache à son rêve « et lui dit en vain
d'oublier ». D'une tristesse attendrie, profondément
humaine, sans gémissement ni récrimination, cette
pièce me paraît une des plus belles d'*Emaux et
Camées*.

Toutes, du reste, ont des qualités supérieures, pas une n'est médiocre, et elles ont cela de particulier dans l'œuvre de Théophile Gautier, qu'elles ont été, pour la plupart, inspirées par les incidents mêmes de sa vie. Il en est peu sur lesquelles on ne pourrait mettre un nom. Ce n'est certes pas un poème « à clef »; mais chacune de ces poésies détachées porte un masque qu'il est facile de soulever et derrière lequel se cache le visage de doux fantômes dont le sourire semble flotter au-dessus des vers qui les célèbrent.

Comme il y a loin de ces strophes où vibre une âme attristée, mais sereine, toujours amoureuse du beau, artiste en toute conception, encore ardente malgré les brumes qui pèsent sur elle! comme il y a loin de cette sagesse généreuse aux furibonderies sataniques d'*Albertus*, aux lugubres enquêtes de *la Comédie de la mort*! Le temps a fait son œuvre. L'homme est semblable aux silex qui tombent des falaises et glissent dans la mer. Lorsque la couche calcaire dont ils sont enveloppés les laisse échapper, ils sont anguleux, dentelés, hérissés de pointes. L'océan les reçoit, les agite dans ses tempêtes, les berce de son mouvement rythmique et rejette sur ses bords le galet arrondi, toujours dur et résistant, gardant l'étincelle interne qui jaillit au moindre choc, mais ayant perdu, sous l'action des vagues — j'allais dire des années, — les aspérités dont il était déformé en ses jours primitifs. Des excentricités de sa jeunesse, apparentes dans ses vers bien plus que dans sa prose, Gautier n'a conservé en vieillissant que la vigueur et l'originalité dont elles étaient l'indice.

Toutes les pièces d'*Émaux et Camées* sont composées avec un art maître de soi, que nulle surprise ne peut dérouter et pour qui la poésie n'a pas de secret. Elles sont construites selon un plan déterminé dont l'auteur ne s'écarte pas; la rime, si difficile qu'elle puisse se présenter, ne l'entraîne jamais hors de la voie qu'il s'est tracée, car il la force à obéir, et elle obéit, venant, à point nommé, compléter sa pensée, selon la forme voulue et le rythme choisi. Mérite peu commun, et que seuls peuvent apprécier les bons ouvriers de l'art des vers. Dans ce volume, plus qu'en tout autre peut-être, Théophile Gautier a mis en pratique la théorie qu'il a développée avec tant de raison, lorsque, parlant des *Stances et Poèmes* de Sully Prudhomme, il a dit : « Les moindres pièces ont ce mérite d'être composées, d'avoir un commencement, un milieu et une fin, de tendre à un but, d'exprimer une idée précise. Un sonnet demande un plan comme un poème épique, et ce qu'il y a de plus difficile à composer, en poésie comme en peinture, c'est une figure seule. Beaucoup d'auteurs oublient cette loi de l'art, et leurs œuvres s'en ressentent : ni la perfection du style, ni l'opulence des rimes ne rachètent cette faute. »

Dans ses poésies, aussi bien dans celles de la jeunesse que dans celles de l'âge mûr, Gautier a une qualité rare, si rare que je ne la rencontre, à

l'état permanent, que chez lui : je veux parler de la
correction grammaticale. Que l'on ne se récrie pas :
être respectueux envers la grammaire est pour un
poète un fait exceptionnel. Les plus grands parmi
les classiques et parmi les romantiques en prennent
fort à leur aise; sous toute sorte de prétextes
plus plausibles que réels, ils abordent résolument
les fautes de syntaxe, qu'ils baptisent du nom
de licences poétiques. L'accord des temps leur
est particulièrement désagréable, et quand ils sont
embarrassés par un subjonctif, ils ont promptement fait de le remplacer par un solécisme. C'est
admis, ou du moins toléré, et ils ne sont point nombreux, ceux qui se sont refusés à ces écarts que
sollicite souvent la contexture même du vers et que
la prose d'aujourd'hui montre quelque propension
à adopter. A cet égard, Théophile Gautier ne se
dément jamais; il garde, vis-à-vis de lui-même, une
sévérité que sa connaissance approfondie de la
langue française lui rendait peut-être facile, mais
qui n'en doit pas moins être signalée. Cela tient
surtout à ce qu'il attachait une haute importance à
la forme et qu'il ne comprenait pas la forme sans
la correction.

Cette préoccupation de la pureté du style est
constante chez Gautier; elle le domine et ne l'abandonne jamais; elle apparaît aux premières heures du
début, dans sa prose plantureuse, dans ses vers
parfois excessifs, et on la retrouve, impérieuse et
obéie, lorsque, parvenu à la grande maîtrise, il

élague sa phrase, et transpose avec netteté ce qu'il a vu et ce qu'il a rêvé. Il en arrive à supprimer presque complètement les métaphores : on dirait que l'appareil des comparaisons lui semble trop compliqué. Il les remplace par le mot faisant image, attiré, à son insu, vers la simplicité qui est le propre des écrivains de race et d'expérience. Être simple, c'est, je crois, le meilleur moyen d'être compris du public, et c'est ce que cherche tout auteur sincère, quoique quelques-uns aient prétendu, ou voulu prétendre, qu'ils n'écrivaient que pour un nombre restreint de lecteurs. Joubert donnait un conseil excellent à M. Molé, lorsque, à la date du 21 octobre 1803, il lui disait : « Songez à écrire toujours de sorte qu'un enfant spirituel pût à peu près vous comprendre et qu'un esprit profond trouvât chez vous à méditer. » En somme, être compris de tout le monde, c'est l'ambition des écrivains ; ceux qui disent ne s'en soucier, font supposer qu'ils ne sont pas de bonne foi.

La forme! je sais ce que Bridoison en pense; néanmoins c'est une grave question que l'on a souvent agitée, précisément à propos de Théophile Gautier, à qui l'on a reproché, sans motif bien sérieux, d'y avoir trop sacrifié. On lui a imputé à défaut une qualité qui lui était naturelle et qu'il a développée par l'étude ou, pour mieux dire, par l'exercice même de son art. Il avait sa forme, bien à lui, exclusive pour ainsi dire; il l'a perfectionnée tant qu'il a pu; il l'aimait, ne s'en cachait pas, mais il n'a jamais tenté de l'imposer à personne. La forme n'est pas « une », heureusement; elle est multiple et elle doit l'être sous peine de tomber dans un insurmontable ennui. La forme correspond aux idées, s'y adapte et les fait valoir. Chacun a la sienne qui se manifeste vaille que vaille; en telle matière, imitation est synonyme de stérilité. La prose de Bossuet ne ressemble point à celle de Voltaire qui ne ressemble point à celle de Pascal qui ne ressemble point à celle de Montesquieu. Ce sont là quatre formes différentes, et ce sont quatre formes admirables. L'une est-elle supérieure à l'autre? on en peut douter; affaire de goût pour le lecteur, qui est toujours libre de juger par prédilection.

Une parole a été prononcée dont Gautier se serait engoué. Cela est bien possible, car le romantique de 1830, le membre du Cénacle, n'était point pour se déplaire aux paradoxes; mais qu'il ait accepté cette parole comme une maxime d'art, propre à servir de devise et de mot de ralliement à une école littéraire, je ne le pense pas. Malgré l'ironie que cachait sa douceur, malgré une certaine naïveté que l'expérience de la vie n'avait pu complètement détruire et qui souvent lui faisait adopter, pour un moment, des formules dont l'étrangeté l'avait séduit; malgré sa bonhomie qui le rangeait volontiers à l'avis de ses interlocuteurs, il possédait un bon sens imperturbable que ses curiosités d'artiste, que les discussions esthétiques auxquelles il avait été mêlé, que sa propre fantaisie même n'ont jamais déconcerté, et il était incapable — que l'on me pardonne le mot — de prendre des vessies pour des lanternes.

On aurait promulgué, en sa présence, cet aphorisme : « De la forme naît l'idée », et tout de suite il l'eût adopté sans réserve, comme s'il eût trouvé la solution du problème longtemps cherché ou l'expression d'une de ces vérités éclatantes que nulle âme honnête ne peut repousser. Je crois qu'à cet égard on s'est fait illusion. Les convictions de Gautier en matière d'art étaient si fortes, qu'il ne lui était pas difficile de rester indifférent aux opinions d'autrui. Souvent même il semblait les approuver, afin d'éviter la discussion qu'il n'aimait pas, car il savait combien elle est stérile et parfois déloyale. Certes Gautier soignait sa forme et lui attribuait une grande importance — toute son œuvre le démontre —, mais il savait qu'elle n'est que l'agent de transmission de l'idée. Son opinion ne dépassait pas la théorie saint-simonienne qui fait de l'une l'égale de l'autre. Que, dans des causeries intimes, entre compagnons de lettres, il se soit laissé aller à des boutades qui lui étaient familières, cela n'a rien de surprenant; mais, s'il eût soupçonné qu'elles seraient recueillies et publiées plus tard, il les eût gardées pour lui et s'en serait diverti dans le huis clos de sa cervelle. Jamais la forme n'est assez soignée; il le croyait et faisait bien; il le répétait à qui voulait l'entendre; mais entre cela et dire que c'est la forme qui est la mère, la génératrice des idées, il y a un abîme, et cet abîme,

sa raison ne l'a jamais franchi. Sous les formes les
plus admirables de la littérature française, on trouvera toujours le fait ou la pensée dont elle n'est que
l'enveloppe : l'une fait valoir l'autre, ceci n'est pas
douteux; mais la seconde peut, jusqu'à un certain
point, se passer de la première et faire son chemin
dans le monde.

Est-ce vraiment la forme qui constitue la beauté
du sonnet d'Arvers? Pour « se mettre en train »,
Stendhal lisait un ou deux chapitres du code civil :
on le reconnaît à son style; cela ne l'empêche pas
d'avoir fait *la Chartreuse de Parme*. En laissant de
côté le XIX° siècle, afin de ne blesser aucune suscep-
tibilité, on conviendra que bien des romans ont
été publiés en France avant la première heure de
l'an 1801; on les peut compter par milliers et par
milliers de volumes. Beaucoup ont soulevé l'enthousiasme et ont exercé de l'influence sur les mœurs
de leur époque; combien en reste-t-il? Et j'entends
par romans les œuvres d'imagination pure, déga-
gées de toute préoccupation de propagande philosophique. En faisant abstraction de *Gil Blas*, œuvre
initiale et féconde d'où doit sortir le roman de
mœurs, il en reste trois qui ne se sont souciés ni
de la mode, ni de la vogue, qui ont résisté au temps,
qui ont fait battre tous les cœurs, charmé tous les
esprits et qui à cette heure n'ont encore rien perdu
de leur jeunesse : c'est *la Princesse de Clèves*, *Manon
Lescaut*, *Paul et Virginie*. Est-ce bien trois romans
qu'il faut dire? n'est-ce pas plutôt trois récits?

En vérité, la forme est pour bien peu de chose
dans ces trois chefs-d'œuvre; les auteurs ne s'en
sont guère préoccupés et le lecteur ne s'en préoc-
cupe pas. L'émotion n'en est pas moins d'une intensité qui va jusqu'à l'angoisse. Léon Gozlan le con-
statait avec surprise et disait : « Si nous écrivions
comme ces gens-là, on nous jetterait des pierres. »
J'imagine cependant que l'auteur des *Nuits du Père-
Lachaise* n'eût point été trop humilié d'avoir fait
Paul et Virginie, voire même *la Chaumière indienne*.
Si la perfection de la forme ouvre seule la porte de
la postérité aux œuvres d'imagination, d'où vient
le succès persistant que la traduction de certaines
œuvres étrangères a obtenu en France? Il ne faut
point se payer de vaines paroles qui, toutes sédui-
santes qu'elles soient, ne sont que l'expression d'un
paradoxe éclos dans la cervelle d'un homme de
talent, en un jour de mauvaise humeur ou de gaieté.
L'idée naît si peu de la forme, que sans l'idée la
forme ne pourrait exister.

Si les auteurs de la *Princesse de Clèves*, de *Manon*, de *Paul et Virginie* ont trouvé, pour ces trois
nouvelles, le style qui ne vieillit pas, c'est précisément parce qu'ils n'ont point cherché le style et
qu'ils se sont contentés de traduire, le plus honnê-
tement possible, leurs pensées et leurs impressions.
La simplicité de la forme est égale à la simplicité
de la conception, entre elles nul désaccord; elles
sont vraiment faites l'une pour l'autre et il en résulte
une merveilleuse harmonie. Ernest Renan, à qui

l'on ne contestera pas l'art et la science d'écrire,
la connaissance des élégances exquises, la grâce et
l'habileté, a proclamé une vérité éclatante, lorsqu'il
a dit, dans ses *Souvenirs d'enfance* : « La règle fon-
damentale du style est d'avoir uniquement en vue la
pensée que l'on veut inculquer, et par conséquent
d'avoir une pensée. » C'est la glose de la phrase
écrite par Balzac dans *Un Prince de la Bohème* :
« Le style vient des idées et non des mots. »

Chez Gautier, l'idée se créait enveloppée de sa
forme, toute vêtue pour ainsi dire ; les deux opéra-
tions de l'esprit étaient simultanées : c'est pourquoi
il écrivait sans se corriger et presque toujours sans
se relire ; il n'avait qu'à écouter sa propre dictée.
Son esthétique, peu compliquée, consistait à exprimer
de son mieux ce qu'il avait conçu. Par elle-même, la
littérature lui paraissait un art complet, émancipé de
toute ingérence philosophique, politique et sociale.
Il repoussait énergiquement tout le fatras de la méta-
physique où George Sand s'est souvent embrouillé,
dédaignait, comme inférieur, le roman dit à tendances et affirmait, par ses préceptes comme par son
œuvre, que l'on ne doit pas chercher les éléments
d'une production littéraire ailleurs que dans sa
propre imagination. Il avait, comme chacun, des
préférences pour telle ou telle façon de concevoir et
de pratiquer l'art des lettres, mais il avait l'esprit
trop éclairé pour n'être pas éclectique. Il admirait
le beau là où il le rencontrait, il ne s'avisait pas de
lui demander son extrait de baptême et lui souhaitait

la bienvenue. Cet acte d'équité lui était facile, car, malgré les attaches de sa jeunesse, malgré les admirations persistantes et justifiées de son âge mûr, il était indépendant, se sentant assez fort pour n'appartenir à aucune coterie, assez maître pour n'être d'aucune école. A cet égard, il y eut en lui une sorte de contradiction qui ne fut qu'apparente et que je dois expliquer en rappelant qu'il a dit : « Dès 1833, j'avais enterré le moyen âge. »

Gautier, entraîné par sa passion pour l'art, poussé peut-être par l'instinct de la conservation personnelle qui si souvent nous guide à notre insu, a appartenu corps et âme à l'école romantique, car là seulement, en 1830, il trouvait la liberté dont son tempérament littéraire avait besoin pour se manifester sans contrainte. Jusqu'au bout il est resté fidèle aux principes qu'il avait adoptés, mais il y est resté fidèle non point par respect du pacte accepté, non point par habitude, mais par prédilection d'artiste, parce que ces principes étaient en concordance avec ses idées et avec ses aspirations. Il m'a dit un jour : « J'étais romantique de naissance ; » rien n'est plus vrai. L'école ne l'a pas enrégimenté, il en était avant qu'elle fût. Le résultat de ceci est assez singulier : il ne croyait pas aux écoles ; en revanche, il croyait aux individualités ; il ne se trompait pas. De tous ceux qui sont entrés dans la famille dont Goethe, Schiller, Chateaubriand, Byron, ont été les ancêtres, dont Victor Hugo a été le père, ceux-là seuls ont été supérieurs

qui ont fait bande à part. Leur originalité a été for-
tifiée par le mouvement auquel ils se sont associés,
mais cette originalité existait d'elle-même et tôt ou
tard elle se serait révélée. Les hommes nés pour
être capitaines ne restent pas longtemps confondus
dans le rang des soldats. J'ai déjà cité Théophile
Gautier et Alfred de Musset, qui eurent à peine le
temps d'être des disciples qu'ils étaient déjà des
maîtres.

Si Gautier ne croyait pas aux écoles, à plus forte
raison ne croyait-il pas aux théories en art. Toute
production d'une œuvre d'art — roman ou tableau,
symphonie ou statue — est le résultat d'une gesta-
tion. Lorsque l'enfant est à terme, il vient au monde :
viable ou non ? — personne ne le sait ; c'est
l'avenir qui en décidera. C'est pourquoi, dans le
monde des artistes, les déceptions sont si fréquentes,
car nul ne sait, ne peut savoir, en vertu de quelles
règles il faut produire. Aussi toutes les théories sont
vaines ; le plus souvent, les disciples ne réussissent
qu'en faisant le contraire de ce qu'on leur a ensei-
gné, et en brisant le cercle où les leçons reçues
les avaient enfermés : David a été l'élève de Vien,
et Delacroix celui de Guérin. Non seulement les
théories sont vaines, mais elles ne sont jamais que
rétrospectives ; elles viennent toujours *a posteriori*,
beaucoup plus pour justifier des défauts que pour
préconiser des qualités. La plupart sont le produit
de vanités blessées qui, étonnées sinon indignées
d'être discutées, regimbent et veulent imposer,

comme une loi nouvelle, précisément les défectuo-
sités qu'on leur reproche. L'histoire du renard qui
a la queue coupée est de tous les temps et de toutes
les coteries. De son essence, l'art est infini et universel; vouloir l'astreindre à des règles immuables,
le cantonner dans des limites fixes, c'est le confondre avec le métier; c'est prouver qu'on ne le
comprend pas, car privé d'initiative il n'est plus.

Gautier professait un tel culte pour l'art, qu'il le
préférait à la nature. Dans celle-ci il ne voyait guère
qu'un document, plus ou moins correct, que l'artiste
interprète, modifie selon ses aptitudes, sa vision et
son génie; celui qui la copie servilement peut être
un artisan doué d'un sérieux talent d'imitation, mais
il ne sera qu'un artisan, jamais un artiste. Aussi, tout
ce qui se rapprochait de ce que l'on a nommé le
réalisme, le naturalisme, lui déplaisait. Pour lui, une
œuvre ne devenait complète que si l'homme y mettait
son empreinte : j'entends celle que donnent les maîtres et qui reste immortelle. Aux plus belles montagnes il préfère le Parthénon; les paysages qu'il a
le plus admirés sont ceux de Claude le Lorrain, et la
femme lui semblait inférieure à la statue. Tout jeune
il a pensé ainsi; ce que l'on appelle « l'âge des
passions » a laissé intactes ses opinions d'artiste.
Il a dix-huit ans lorsqu'il entre à l'atelier de Rioult :
« Le premier modèle de femme ne me parut pas
beau, dit-il, et me désappointa singulièrement, tant
l'art ajoute à la nature la plus parfaite. C'était cependant une très jolie fille, dont j'appréciai plus tard

par comparaison, les lignes élégantes et pures ; mais, d'après cette impression, j'ai toujours préféré la statue à la femme et le marbre à la chair. » Il ne s'est jamais démenti et n'a cessé de proclamer la supériorité de l'art sur la nature, qu'en somme il ne paraît pas avoir beaucoup aimée. Son Tiburce de *la Toison d'or* lui ressemble singulièrement, car, « à force de vivre dans les livres et les peintures, il en était arrivé à ne plus trouver la nature vraie ». Et cependant, lorsqu'il est à Venise et que, saturé de tableaux, d'architecture, de tous les chefs-d'œuvre de la Renaissance, il débarque à Fusina, quel cri de joie en trouvant quelque verdure et en marchant à travers les herbes sauvages !

S'il était épris des arts littéraires et plastiques, il est un art en revanche qu'il dédaignait et auquel il est demeuré indifférent : c'est la musique. A propos d'une phrase jetée sur un album : « La musique est le plus cher et le plus ennuyeux de tous les bruits », on s'est demandé ce qu'il en fallait penser. Il faut en penser ce qu'il a pris soin de dire lui-même dans son étude sur Saint-Amant : « Je dois avouer que le grincement d'une scie ou celui de la quatrième corde du plus habile violoniste me font exactement le même effet. » Il dit, du reste, que Victor Hugo et Lamartine étaient atteints de la même infirmité.

Si, en ce qui concerne l'art et la littérature, Théophile Gautier a eu des idées très arrêtées, on serait embarrassé de déterminer quel fut son système philosophique ; à proprement parler, on peut dire

qu'il n'en avait pas. Ces problèmes, insondables pour
la plupart et que l'on n'essaye généralement de
résoudre que par des hypothèses, ne l'effrayaient
pas, mais ne l'attiraient guère : il aimait la quiétude
de son esprit et eût craint de la compromettre en la
troublant par un examen qui ne peut jamais aboutir
qu'à une certitude relative. Le nom de Dieu se
retrouve souvent dans ses vers, surtout dans ceux
du début. Quel Dieu? Il ne lui eût sans doute pas
été facile de le désigner d'une façon précise; en tous
cas, c'est le Dieu qui aime, qui pardonne, qui comprend et qui n'en veut pas à l'homme d'user des
facultés dont il l'a doué. Cette conception simple et
consolante devait plaire à Gautier; car si Dieu a créé
l'homme à son image, il faut reconnaître que l'homme
le lui a bien rendu. Il paraît n'avoir été animé que
d'une religiosité vague penchant vers le panthéisme,
sans rien de nettement défini ni de correctement
orthodoxe.

Ce n'était point un sceptique, ce n'était pas un
croyant; c'était, en quelque sorte, un timoré.
Comme ceux qui ont beaucoup, pour ne dire uniquement, vécu par l'imagination, il n'était point
réfractaire au surnaturel et les enfers variés que
les religions nous promettent ne le rassuraient
pas; tout en souriant, il disait : « C'est peut-être
vrai. » Voyait-il, a-t-il vu des clartés au delà du
tombeau? je ne sais. La mort lui semblait froide,
laide et noire; il n'aimait pas à y penser. Il était
respectueux, jamais il n'a raillé la foi d'autrui et il a

dit : « Je n'ai, Dieu merci, aucune idée voltairienne
à l'endroit du clergé ; » mais la clairvoyance de son
esprit ne lui permet pas de fermer les yeux à la
palpabilité des faits et il constate, en Espagne, à
Cordoue, que le catholicisme, « miné par l'esprit
d'examen, s'affaiblit de jour en jour, même aux contrées où il régnait en souverain absolu » ; plus loin,
à propos des cathédrales qu'éleva la foi du moyen
âge, il déplore l'affaiblissement des croyances, mais
ce regret n'est que celui d'un artiste écœuré des
médiocrités de son temps. Cela prouve que, comme
George Sand, il avait une âme impossible à satisfaire avec ce qui intéresse la plupart des hommes.

En politique il est neutre, sans effort, par indifférence et surtout par dédain ; il trouvait que les gouvernements sous lesquels il avait vécu, se ressem-
blaient en ce point, que tous avaient eu peur de
paraître avoir de l'esprit. Il les envisageait presque
exclusivement dans leurs rapports avec les arts : cela
lui donnait la partie belle lorsqu'il était en humeur
de critiquer. Avant le ministère du 2 janvier 1870,
la direction des beaux-arts était rattachée au Ministère de la maison de l'Empereur, dont le maréchal
Vaillant était le titulaire. Gautier disait : « Choisir
un maréchal de France, guerrier vénérable, mais
dont l'esthétique laisse à désirer, pour donner l'impulsion à la peinture, à l'architecture, à la sculpture
et à la musique, est une idée aussi pharamineuse que
de confier le commandement des armées à Ingres,
peintre de la *Stratonice*, ou à Adolphe Adam, chantre

du *Postillon de Lonjumeau*. » Lorsque Théophile
Gautier émettait des vérités aussi palpables, on sou-
riait avec condescendance et on l'accusait de faire
des paradoxes. Il en a fait beaucoup de semblables,
car la matière lui était abondamment fournie. Le
plus souvent, il levait les épaules, rêvassait à quelque poésie satirique, disait : à quoi bon? et n'y pensait plus.

Comme la plupart des rêveurs, il avait quelque
tendance à admirer les hommes d'action, et cependant toute violence lui répugnait; la guerre lui faisait horreur et les révolutions le désespéraient. Son
idéal n'était point de ce monde; il eût voulu un état
de civilisation où l'on eût honoré l'intelligence, la
beauté, les arts, où tout l'effort eût porté vers l'agran-
dissement de l'esprit : quelque chose comme une
abbaye de Thélème, sur le bord des golfes paisibles,
à l'abri des bois de citronniers, en vue du Parthénon. Il était ainsi fait et n'y pouvait rien; c'est
pourquoi il s'est senti opprimé et a souffert; la
révolte eût été inutile et la lutte ridicule; il le savait
et fut un résigné.

Un résigné, c'est le vrai mot; dans sa vie contra-
dictoire à ses aspirations, il a tout supporté avec
une sorte de fatalisme musulman. Par son métier
de feuilletoniste dramatique, il a été parfois subor-
donné à des hommes dont l'intelligence et la probité
douteuses justifiaient le mépris qu'il avait pour eux;
il les subissait en disant : « Il paraît que cela doit
être, puisque cela est. C'est la juste punition de

mon crime de pauvreté, et cependant, Dieu sait que
si je suis criminel, c'est bien malgré moi. » Certes il a
regretté de n'avoir pas l'aisance qui l'eût rendu indépendant ; il a regretté d'être forcé de vivre au jour le
jour, à ce point que toute paresse, bien plus, toute
maladie lui était interdite, sous peine de trouver vide
la huche au pain et d'entendre les créanciers frapper
à sa porte ; mais si on lui eût offert l'existence rêvée,
l'existence de Fortunio, à la condition de renoncer à
la poésie et de ne jamais plus écrire un vers, il eût
repoussé l'offre, sans hésiter, et comme Antoine de
Navarre, en son château de la Bonne Aventure, il
eût répondu :

> J'aime mieux ma mie, au gué !
> J'aime mieux ma mie.

Il n'eut pas à résister, car on ne le tenta pas.
Il ne connut guère la valeur de l'argent que par la
peine qu'il eut à le gagner. Il ne sut jamais débattre
ses intérêts : par insouciance, par la conviction qu'il
y était malhabile, par pudeur de soi-même ? Je
l'ignore, mais il fut le plus désintéressé des hommes,
et, en cela, sa grandeur n'eut point de défaillance.
Dénué de tout esprit d'intrigue, crédule comme ceux
qui ne mentent pas, il ne se fit jamais valoir ; il n'a
tiré d'autre parti de son talent que d'en subsister.
Jamais il n'a daigné s'imposer : ce qui lui eût été
plus facile qu'à tant d'autres que l'on pourrait
nommer, car au besoin sa plume eût été redoutable.
Le combat pour la vie, si fort en usage de nos jours,

il ne l'a jamais livré : non pas qu'il manquât de force ou de courage, mais parce que les armes qu'il eût fallu employer répugnaient à la loyauté de ses mains et à sa conscience d'artiste. Il a rêvé une situation officielle, il a été surpris que ses aptitudes n'aient point été utilisées ; mais, pour obtenir ce qu'il désirait, il eût fallu se pousser en avant, et la muse le retenait loin de toute compétition. S'il n'a pu être « quelque chose », il a été quelqu'un ; ce qui vaut mieux pour sa renommée.

Plus la civilisation, poursuivant sa marche inéluctable, pénétrera dans la démocratie, moins les hommes pareils à Théophile Gautier, les rêveurs, les poètes, les amoureux de belles choses dont on ne vit pas, peut-être parce qu'elles sont immortelles, moins ces prédestinés trouveront de place dans la société humaine. Leur œuvre, n'ayant aucune utilité immédiate et ne représentant qu'une valeur idéale sera de plus en plus dédaignée. L'heure est à l'action, le rêve est condamné. Chacun pour soi et le diable pour tous. On s'ouvre la route à coups de coude, sinon à coups de couteau. Au milieu de cette foule et de cette bataille, que peut faire le poète j'entends le poète exclusif, tenant sa lyre en main et n'ayant d'autre souci que de l'empêcher d'être brisée dans la cohue des convoitises ? Il n'y a plus de François Iᵉʳ pour distribuer des pensions aux ajusteurs de rimes, plus de prélats pour leur accorder des bénéfices, plus de grands seigneurs pour les aider à vivre. Cela me semble préférable ;

poésie a rejeté les livrées pour reprendre la draperie primitive; mais le costume est parfois insuffisant et le poète en souffre. Qu'y peuvent les gouvernements? Rien ou bien peu. On ne suscite pas les poètes; les concours, les prix de poésie y sont impuissants; on ne peut que les récompenser quand ils se sont manifestés; je dirai plus, c'est un devoir, lorsqu'ils ont donné preuve de talent, de les mettre en situation de n'avoir pas à souffrir de la gêne et de développer leurs facultés, sans être condamnés à pourvoir, par un travail ingrat, aux nécessités de la vie. Lorsque Lamartine publia ses *Méditations* en 1820, Louis XVIII lui envoya la collection des Chefs-d'œuvre de la littérature française édités par Didot; c'est fort bien, car Lamartine était riche; s'il eût été pauvre, une pension eût mieux valu.

Gautier regrettait-il le temps où le poète, pourvu de pensions qui assuraient sa vie, pouvait, sans trop de préoccupations matérielles, dévider le fil d'or de ses pensées sur le rouet des rimes sonores? je n'en serais pas surpris. Il le dit implicitement lorsqu'il fait le compte des écus de Scarron et lorsque, racontant la plaisante contestation de Colletet contre Richelieu, à propos du mot « barboter » proposé par celui-ci, repoussé par celui-là, il s'écrie : « Heureux siècle que celui où un ministre comme Richelieu, entre tant de grandes choses qu'il faisait ou méditait, trouvait encore le temps de s'occuper des productions de l'esprit et de disputer avec un poète sur le plus ou moins de propriété d'un

terme! » Certes Gautier ne discuta jamais avec
M. Rouher la valeur d'un mot, la coupe d'un vers
ou la lettre d'appui, mais dans les dernières années
du Second Empire il trouva — ce qui est plus
important — des protections intelligentes qui le
comprirent, l'adoptèrent et simplifièrent sa vie en la
rendant moins pénible [1]. Par son travail régulier au
Journal officiel, plus généreusement rémunéré, par
une sinécure de bibliothécaire chez une princesse
amie des lettres, il sortit enfin de l'atmosphère où
il étouffait. Reçut-il, comme on l'a dit, une pension
directement servie par le cabinet impérial? je l'ignore,
mais je ne le crois pas. Il n'eût pas, du reste, été le
seul : Napoléon III goûtait peu la littérature et ne
comprenait rien aux arts; mais lorsqu'on lui signa-
lait quelque bonne action à faire, sa générosité n'hé-
sitait pas. Le budget annuel des bonnes œuvres —
secourables et protectrices — pris sur sa cassette
particulière était fixé à 3 500 000 francs — 10 000 francs
par jour; — les lettrés et les artistes de son temps
ont pu le savoir. Que cet hommage rendu à la vérité
soit à la louange du souverain déchu.

L'existence se montrait donc plus propice envers
Gautier; il put se croire pour toujours à l'abri des
tracasseries et des difficultés qui le harcelaient depuis si longtemps; de plus, toute quiétude semblait

1. Par arrêté du 25 avril 1863, M. Rouland, Ministre de
l'instruction publique, avait déjà accordé une indemnité
annuelle de 3000 francs à Théophile Gautier, qui, grâce à
M. Jules Simon, la toucha jusqu'à sa mort.

acquise à son avenir, car on lui avait montré du doigt un siège au Sénat, près de celui où Sainte-Beuve s'était assis. Le songe était trop beau qui devait bercer ses vieux jours. Il vivait dans la féerie de son rêve; brutalement le décor changea, et le pauvre poète sombra dans le désastre où la France faillit périr. La guerre, la révolution du 4 Septembre, l'investissement de Paris, la Commune l'assommèrent. Il mit deux ans à en mourir, mais il en mourut, et il ne fut pas le seul qui n'eut plus la volonté de vivre après tant d'infortune. S'il n'a pas désespéré de notre pays, il a été désespéré de ses souffrances héroïques; il a entendu les petits enfants pleurer parce qu'ils avaient faim; il a vu brûler Paris, il a parcouru les ruines de nos maisons, de nos monuments incendiés par l'envie, l'alcoolisme, la bêtise, et il a été stupéfait : « Eh quoi! cette civilisation dont on est si fier recélait une telle barbarie! Nous aurions cru, après tant de siècles, la bête sauvage qui est au fond de l'homme mieux domptée. Quel est l'Orphée, quel est le Van Amburgh, *doctus lenire tigres*, qui l'apprivoisera? » De ce jour, Gautier fut écrasé.

Le sentiment de la patrie, sa croyance à des mœurs moins criminelles, son amour pour les lettres plus dédaignées que jamais, la foi en sa propre sécurité de nouveau et pour longtemps compromise : tout se lamentait en lui. Il ne se sentait plus la force de lutter; il disait : « Je vis par habitude, mais je n'ai plus envie de vivre. » Par une action naturelle de

l'esprit et comme pour échapper aux obsessions du
moment, il se reportait par la pensée aux heures de
la jeunesse ; il fouillait le cimetière de sa vie passée,
et au milieu de la cendre des souvenirs il découvrait
des bijoux, ainsi qu'il en a trouvé dans la tombe
d'Aria Marcella.

Sa vie avait été faite de déceptions, et la plus amère
fut peut-être de savoir qu'il devait sa célébrité plus
à ses feuilletons qu'à ses poésies. N'est-ce pas cela
qu'il a voulu dire, lorsque, parlant de lui-même,
il a écrit : « Ce poète qui doit à ses travaux de
journaliste la petite notoriété de son nom, a naturellement fait des œuvres en vers » ? Tous ses rêves
s'étaient évanouis les uns après les autres ; il restait
en présence de la vieillesse qui s'approchait, travail-
lant toujours, mais affaibli déjà par un mal encore
ignoré. Parmi les désirs qu'il avait formulés, un seul
subsistait. Il eût voulu être de l'Académie française,
où son talent d'écrivain, sa connaissance profonde
de la langue, avaient, depuis tant d'années, marqué
sa place. Il était fatigué et surpris de faire un si long
stage sur cet illustre quarante et unième fauteuil où
Balzac et Alexandre Dumas, deux grands novateurs
de lettres, s'étaient assis avant lui. Trois fois déjà il
avait frappé aux portes rebelles. Le 2 mai 1866, il
se présente pour succéder au baron de Barante, le
père Gratry est élu ; le 7 mai 1868, il sollicite la
place laissée vacante par la mort de Ponsard, on
lui préfère Autran ; le 29 avril 1869, il se porte can-
didat à l'élection destinée à remplacer Empis : après

quatre tours de scrutin, Auguste Barbier, que dans *Italia* il avait appelé le bilieux poète, sortit vainqueur de la lutte, qui fut chaude.

L'Académie regretta, je crois, l'exclusion qu'elle avait donnée à l'auteur de tant d'œuvres dont notre littérature s'honore, et, en 1872, elle semblait décidée à accorder à ce grand lettré la consécration qu'il demandait. Avant qu'elle pût mettre son dessein à exécution, la mort avait élu le poète qui en a chanté la comédie et qui n'eut même pas la consolation de porter l'habit à palmes vertes dont — comme tant d'autres — il s'était raillé aux jours de sa jeunesse. Cela ne rappelle-t-il pas certaines strophes du *Romancero* de Henri Heine? Le shah Mohammed se souvient du poète Firdusi qui vit pauvre dans la ville de Thus et il donne ordre de lui envoyer « des présents équivalant au tribut annuel d'une province ». La longue file des dromadaires, chargés de cadeaux expédiés par le souverain, se met en marche. « Par la porte du sud, la caravane entra à Thus, avec des fanfares brillantes et en poussant des cris d'allégresse; mais par la porte du nord, à l'autre bout de la ville, sortit, dans le même moment, le convoi funèbre qui portait au tombeau le poète mort Firdusi. »

La maladie qui, depuis les jours de la guerre et de la Commune, détruisait lentement la robuste constitution de Gautier, devint si menaçante, que nul espoir ne put subsister; le 23 octobre 1872, il cessa de vivre à l'âge de soixante et un ans. Les affres de la mort lui furent épargnées, il s'endormit et ne se réveilla pas. Peut-être dans le rêve de son sommeil suprême a-t-il murmuré la parole de Feuchtersleben : « Je pars pour une étoile plus lumineuse. »

Je n'ai plus à parler de l'écrivain. De l'homme je ne dirai qu'un mot : il fut bon dans toute l'acception du terme et mit souvent en pratique, au service d'autrui, un de ses axiomes familiers : « Il n'y a que les pauvres qui savent dépenser l'argent. » Hospitalier comme un Arabe de grande tente, il reçut à sa table — à sa fort modeste table — tous les affamés qui venaient s'y asseoir. Pendant une des périodes les plus critiques de sa vie, aux années qui succédèrent immédiatement à la révolution de 1848, il hébergea, dans son appartement de la rue Rougemont, des camarades plus dénués que lui, et jamais l'idée ne lui vint de se soustraire à ces charges bénévoles qui accroissaient les charges obligatoires dont il était accablé. Il ne s'en vantait pas, il ne s'en plaignait pas ; je doute qu'il l'ait jamais raconté, mais, comme témoin, je lui dois de déposer et de dire la vérité.

Pour terminer et indiquer, sans insister, de quelles préoccupations sa vie fut troublée, j'emprunterai à l'ouvrage de M. Spoelberch de Lovenjoul [1] une lettre que l'on doit citer sans commentaire, car elle s'explique d'elle-même et projette quelque lumière sur les difficultés dont le poète fut sans cesse assailli. Il est à Pétersbourg, où il a été appelé pour collaborer

---

1. *Loc. cit.*, introduction, XI.

à une publication qui, restant inachevée, lui cause une déception de plus. Il a reçu une lettre de ses sœurs et il y répond en ces termes le 17 décembre 1858 : « Tout mon regret est de n'être pas plus riche et de vous donner si peu. Je réponds de vous à nos chers parents morts, et, moi vivant, vous aurez toujours ce que je n'ai pas eu besoin de vous promettre, car vous saviez, sans que j'aie dit un mot, que je le tiendrai jusqu'à mon dernier soupir... Vous savez dans quel dégoût et quel ennui je suis des hommes et des choses ; je ne vis que pour ceux que j'aime, car, personnellement, je n'ai plus aucun agrément sur terre. L'art, les tableaux, le théâtre, les livres ne m'amusent plus ; ce ne sont pour moi que des motifs d'un travail fastidieux, car il est toujours à recommencer. N'ajoutez pas à tous ces chagrins des phrases comme celles qui terminent une de vos lettres, ou je me coucherai par terre et me laisserai mourir le long d'un mur sans bouger.... J'ai été bien triste, le 2 novembre, en pensant à tous ceux qui ne sont plus. Il faisait presque nuit à midi ; le ciel était jaune, la terre couverte de neige, et j'étais si loin de ma patrie, tout seul, dans une chambre d'auberge, essayant d'écrire un feuilleton qui ne venait pas et d'où dépendait, chose amère, la pâtée de bien des bouches petites et grandes. Je m'aiguillonnais, je m'enfonçais l'éperon dans les flancs ; mais mon esprit était comme un cheval abattu, qui aime mieux recevoir des coups et crever dans les brancards que d'essayer de se relever. Je l'ai pourtant fait, ce feuilleton, et il était très bien. J'en ai fait un le dimanche que notre mère est morte, et il a servi à la faire enterrer [1]. »

Cette lettre équivaut à une confession. En peu de lignes elle explique une existence : les sacrifices acceptés, le labeur forcé, l'œuvre accomplie pour ne point faillir à des devoirs dont on n'aperçoit ici qu'une part infime, la tendresse, le dévouement que ne peuvent entraver ni l'amertume de la vie, ni le dégoût du travail imposé, la détresse morale dont triomphe un infatigable esprit; l'aveu est complet et doit être retenu. Ceux qui sauront lire cette lamentation, en soulevant les mots, pour pénétrer plus avant dans le cœur de l'homme, connaîtront Gautier tel qu'il fut et répéteront la parole que, dans ses jours de mélancolie, il a si souvent laissé tomber sur lui-même : « Pauvre Théo! »

1. La mère de Théophile Gautier est décédée le dimanche 26 mars 1848.

TABLE DES MATIÈRES

LIBRAIRIE HACHETTE ET Cie

BOULEVARD SAINT-GERMAIN, 79, A PARIS

LES
GRANDS ÉCRIVAINS FRANÇAIS

ÉTUDES SUR LA VIE, LES ŒUVRES ET L'INFLUENCE
DES PRINCIPAUX AUTEURS DE NOTRE LITTÉRATURE

Notre siècle qui finit a eu, dès son début, et léguera
au siècle prochain un goût profond pour les recherches historiques. Il s'y est livré avec une ardeur,
une méthode et un succès que les âges antérieurs
n'avaient pas connus. L'histoire du globe et de ses
habitants a été refaite en entier; la pioche de l'ar-
chéologue a rendu à la lumière les os des héros de
Mycènes et le propre visage de Sésostris. Les ruines
expliquées, les hiéroglyphes traduits ont permis de
reconstituer l'existence des illustres morts; parfois,
de pénétrer dans leur pensée.

Avec une passion plus intense encore, parce qu'elle
était mêlée de tendresse, notre siècle s'est appliqué
à faire revivre les grands écrivains de toutes les littératures, dépositaires du génie des nations, inter-
prètes de la pensée des peuples. Il n'a pas manqué
en France d'érudits pour s'occuper de cette tâche;
on a publié les œuvres et débrouillé la biographie
de ces hommes illustres que nous chérissons comme
des ancêtres et qui ont contribué, plus même que les
princes et les capitaines, à la formation de la France

moderne, pour ne pas dire du monde moderne.

Car c'est là une de nos gloires, l'œuvre de la France a été accomplie moins par les armes que par la pensée, et l'action de notre pays sur le monde a toujours été indépendante de ses triomphes militaires : on l'a vue prépondérante aux heures les plus douloureuses de l'histoire nationale. C'est pourquoi les grands penseurs de notre littérature intéressent non seulement leurs descendants directs, mais encore une nombreuse postérité européenne éparse au delà des frontières.

Initiateurs d'abord, puis vulgarisateurs, les Français furent les premiers, au sein du tumulte qui marqua le début du moyen âge, à recommencer une littérature; les premières chansons qu'entendit la société moderne à son berceau furent des chansons françaises. De même que l'art gothique et que l'institution des universités, la littérature du moyen âge commence dans notre pays, puis se propage dans toute l'Europe : c'est l'initiation.

Mais cette littérature ignorait l'importance de la forme, de la sobriété, de la mesure; elle était trop spontanée et pas assez réfléchie, trop indifférente aux questions d'art. La France de Louis XIV mit en honneur la forme; ce fut, en attendant l'âge du renouveau philosophique dont Voltaire et Rousseau devaient être les apôtres européens au XVIIIᵉ siècle, et en attendant la période éclectique et scientifique où nous vivons, l'époque de la vulgarisation des doctrines littéraires. Si cette tâche n'avait pas été rem-

plie comme elle l'a été, la destinée des littératures
eût été changée; l'Arioste, le Tasse, Camoens, Shakespeare ou Spenser, tous les étrangers réunis, ceux
de la Renaissance et ceux qui suivirent, n'eussent
point suffi à provoquer cette réforme; et notre âge,
peut-être, n'eût point connu ces poètes passionnés
qui ont été en même temps des artistes parfaits, plus
libres que les précurseurs d'autrefois, plus purs de
forme que n'avait rêvé Boileau : les Chénier, les
Keats, les Gœthe, les Lamartine, les Leopardi.

Beaucoup d'ouvrages, dont toutes ces raisons justifient de reste la publication, ont donc été consacrés
de notre temps aux grands écrivains français. Et cependant ces génies puissants et charmants ont-ils
dans la littérature actuelle du monde la place qui
leur est due? Nullement, et pas même en France,
pour des causes multiples.

D'abord, ayant reçu tardivement, au siècle dernier, la révélation des littératures du Nord, honteux
de notre ignorance, nous nous sommes passionnés
d'étranger, non sans profit, mais peut-être avec
excès, au grand détriment dans tous les cas des
ancêtres nationaux. Ces ancêtres, de plus, il n'a
pas été possible jusqu'ici de les associer à notre vie
comme nous eussions aimé, et de les mêler au courant de nos idées quotidiennes; du moins, et précisément à cause de la nature des travaux qui leur ont
été consacrés, on n'a pas pu le faire aisément. Où
donc, en effet, revivent ces morts? Dans leurs
œuvres ou dans les traités de littérature. C'est déjà

beaucoup sans doute, et les belles éditions savantes, et les traités artistiquement ordonnés ont rendu moins difficile, dans notre temps, cette communion des âmes. Mais ce n'est point encore assez; nous sommes habitués maintenant à ce que toute chose nous soit aisée; on a clarifié les grammaires et les sciences comme on a simplifié les voyages; l'impossible d'hier est devenu l'usuel d'aujourd'hui. C'est pourquoi, souvent, les anciens traités de littérature nous rebutent et les éditions complètes ne nous attirent point : ils conviennent pour les heures d'étude qui sont rares en dehors des occupations obligatoires, mais non pour les heures de repos qui sont plus fréquentes. Aussi, le livre qui s'ouvre, tout seul pour ainsi dire, à ces moments, est le dernier roman paru; et les œuvres des grands hommes, complètes et intactes, immobiles comme des portraits de famille, vénérées, mais rarement contemplées, restent dans leur bel alignement sur les hauts rayons des bibliothèques.

On les aime et on les néglige. Ces grands hommes semblent trop lointains, trop différents, trop savants, trop inaccessibles. L'idée de l'édition en beaucoup de volumes, des notes qui détourneront le regard, de l'appareil scientifique qui les entoure, peut-être le vague souvenir du collège, de l'étude classique, du devoir juvénile, oppriment l'esprit; et l'heure qui s'ouvrait vide s'est déjà enfuie; et l'on s'habitue ainsi à laisser à part nos vieux auteurs, majestés muettes, sans rechercher leur conversation familière.

Le but de la présente collection est de ramener près du foyer ces grands hommes logés dans des temples qu'on ne visite pas assez, et de rétablir entre les descendants et les ancêtres l'union d'idées et de propos qui, seule, peut assurer, malgré les changements que le temps impose, l'intègre conservation du génie national. On trouvera dans les volumes en cours de publication des renseignements précis sur la vie, l'œuvre et l'influence de chacun des écrivains qui ont marqué dans la littérature universelle ou qui représentent un côté original de l'esprit français. Les livres seront courts, le prix en sera faible; ils seront ainsi à la portée de tous. Ils seront conformes, pour le format, le papier et l'impression, au spécimen que le lecteur a sous les yeux. Ils donneront, sur les points douteux, le dernier état de la science, et par là ils pourront être utiles même à ceux qui savent : ils ne contiendront pas d'annotations, parce que le nom de leurs auteurs sera, pour chaque ouvrage, une garantie suffisante : le concours des plus illustres contemporains est, en effet, assuré à la collection. Enfin une reproduction exacte d'un portrait authentique permettra aux lecteurs de faire en quelque manière la connaissance physique de nos grands écrivains.

En somme, rappeler leur rôle, aujourd'hui mieux connu grâce aux recherches de l'érudition, fortifier leur action sur le temps présent, resserrer les liens et ranimer la tendresse qui nous unissent à notre passé littéraire; par la contemplation de ce passé, donner foi dans l'avenir et faire taire, s'il est possible, les dolentes voix des découragés : tel est notre but principal. Nous croyons aussi que cette collection aura plusieurs autres avantages. Il est bon que chaque génération établisse le bilan des richesses qu'elle a trouvées dans l'héritage des ancêtres; elle apprend ainsi à en faire meilleur usage; de plus, elle se résume, se dévoile, se fait connaître elle-même par ses jugements. Utile pour la reconstitution du passé, cette collection le sera donc peut-être encore, pour la connaissance du présent.

J.-J. Jusserand.

Coulommiers. — Imp. Paul BRODARD. — 695-94.

www.ingramcontent.com/pod-product-compliance
Lightning Source LLC
Chambersburg PA
CBHW070617100426
42744CB00006B/510